Karibu

Spracharbeitsheft 2

Druckschrift

Erarbeitet von:
Astrid Eichmeyer, Maria Gönning, Heidrun Kunze,
Andrea Warnecke, Kerstin von Werder

Wissenschaftliche Beratung:
Kerstin von Werder

Illustriert von
Svenja Doering, Falko Honnen und Susanne Schulte

D1717660

westermann

Karibu

Spracharbeitsheft 2

Erarbeitet von:
Astrid Eichmeyer, Maria Gönning, Heidrun Kunze,
Andrea Warnecke, Kerstin von Werder

Illustriert von:
Svenja Doering, Falko Honnen, Susanne Schulte

Abbildungsnachweis:
S. 48: Illustrationsseite „Wie fühlst Du Dich?" aus ALIKI, Gefühle sind wie Farben © 1987 Beltz & Gelberg in der Verlagsgruppe Beltz, Weinheim und Basel; S. 49: iStockphoto/creativepictures; S. 56: Klaus G. Kohn, Braunschweig; S. 66: mauritius images/imagebroker/Norbert Probst; S. 70: Arco Images (o.l.), Smileyjoanne/iStockphoto (o.r.), OKAPIA KG, Germany (u.l.), Fotofeeling/Westend61 (u.r.); S. 83: Ausweis: Dorothee Hartmann, Braunschweig, Cover: Blubb – Leben unter Wasser © Dorling Kindersley Verlag, München, Éric Dernay und Anne Brauner: Delfine und Wale, Esslinger Verlag J. F. Schreiber GmbH, Ralf Kosma: Dinosaurier, Ein Wissens-Spiel-Buch mit vielen Pop-ups, Klappen, Drehscheiben, Seiten zum Ausklappen, Ravensburger Buchverlag, Tatjana Marti, Max Walther, Was ist was Junior, Bd. 9: Polizei, Tessloff Verlag, Alain Champagne, Anne Edyoux, Jacques Lucchino und Cornelia Panzacchi: Naturführer für Entdecker. Pilze. cbj Verlag in der Verlagsgruppe Random House GmbH, Bruce Buckley, Edward J. Hopkins, und Richard Whitaker, Wissen neu erleben – Wetter: Spektakuläre Fotos und Grafiken in dreidimensionaler Optik enträtseln meteorologische Zusammenhänge, BLV Buchverlag GmbH & Co. KG; S. 87: Cover: Paul Maar, Der Buchstabenfresser © Verlag Friedrich Oetinger, Hamburg; S. 88/89: Cover: Martin Baltscheit, Die Geschichte vom Löwen, der nicht schreiben konnte, Bajazzo Verlag; S. 90: Cover: Erhard Dietl, Die Olchies fliegen in die Schule © Verlag Friedrich Oetinger, Hamburg, Illustration aus: Die Olchies werden Fußballmeister. © Verlag Friedrich Oetinger, Hamburg; S. 104: Maus, Elefant, Ente © I. Schmitt-Menzel/WDR mediagroup licensing GmbH, Die Sendung mit der Maus ® WDR, „Oli" aus „Oli's wilde Welt", Abbildung Südwestrundfunk, Löwenzahnlogo © ZDF/Agentur Acht, Rudi Rabe © ZDF/Sabine Ziarno, Bernd das Brot © Kinderkanal ARD/ZDF 2010 licensed by VIA REGIA Handelsgesellschaft mbH

Quellennachweise:
S. 29 (oben) Ferra-Mikura, Vera: Regenschirme. In: Bunt gefleckt, getupft, gescheckt. Jungbrunnen Verlag 2008. S. 29 (unten) Berg, Katharina; S. 40: Guggenmos, Josef: Das Windrad. In: Was denkt die Maus am Donnerstag. Georg Bitter Verlag, 3. Auflage 1968.

Trotz entsprechender Bemühungen ist es nicht in allen Fällen gelungen, den Rechteinhaber ausfindig zu machen. Der Verlag ist für entsprechende Hinweise dankbar. Berechtigte Ansprüche werden im Rahmen der üblichen Vereinbarungen abgegolten.

Inhalt

Tafelschwamm und Pausenspiel 4

Gemüsebeißer und Sportskanonen 18

Wetterfrösche und Waldläufer 28

Bastelspaß und Technikwunder 38

Familienband und Freundeskreis 48

Traumzeit und Abenteuerheld 60

Wüstenschiff und Wollmilchsau 70

Lesemops und Bücherwurm 82

Freizeitspaß und Zeitvertreib 92

Computermäuse und Funkhühner 102

Weltenbummler und Reiseabenteurer 114

Wörterliste 124
Anhang 132
Fachbegriffe 139
Synopse 143

Zurück aus den Ferien

① Ole hat seine Ferien-Schatzkiste mit in die Schule gebracht. Erzähle.

② Schreibe die Andenken auf.
Markiere die Piloten und zeichne Silbenbögen.

Muschelkette

③ Schreibe über deine Ferien.

④ Setze die fehlenden Piloten ein.

Jede Silbe hat einen Piloten.

	a		e		ö
		a		eu	
A					
	a		ei		~~u~~
		au		o	

Ich spreche beim Schreiben mit.

S_u_si malt eine M___we.

Lis___ war zu H___se.

___li h___t neue Fr___nde.

M___se und Ole schr___b___n über Dänem___rk.

⑤ Schreibe die Sätze ab.

⑥ Schreibe Wörter mit dem Piloten A a.
Kreise A a ein.

boden,

Nach dem Unterricht

① Lies den Text mit Silbenbögen.

Lulu und Salome spielen mit dem Bauernhof.

Beide schieben den Traktor aus der Scheune.

Eine Ziege ist auf der Wiese.

Drei Schweine liegen im Heu.

Zwei Pferde ziehen den Wagen.

② Schreibe die Wörter mit ie nach Silben getrennt auf.

spie - len,

③ Was fällt dir auf?

④ Lies mit Silbenbögen.
Mal fehlt ie, mal i. Setze ein.

Sch_i_nken	Fl__ge	St__fel
B__rne	B__ne	Sp__gel
r__chen	w__nken	l__ben

⑤ Schreibe Reime mit ie-Wörtern.

Unsere Schultasche

① Was gehört in unsere Schultasche? Erzähle.

② Lies mit Silbenbögen.
Setze die fehlenden Piloten ein.

Füll_e_r	Löff___l	Scher___
Mapp___n	Büch___r	Pins___l
Stift___	Heft___	Kleb___r

③ Markiere den Piloten in der 2. Silbe.
Was fällt dir auf?
In der 2. Silbe steht ein _____ .
Sprich den Laut. Wie klingt er?

④ Finde Reime und markiere das verflixte e.

Mappen	Butter	Dose
L	F	
schn		

Regeln in unserer Klasse

① Nach der Pause:
Lest das Gespräch mit verteilten Rollen.

In der Pause habe ich mit den Mädchen aus der dritten Klasse gespielt. Wir ...

Ole war so schnell. Ich habe ihn aber nach einer ...

... sind Seil gesprungen. Dabei haben wir ...

... Weile doch geschnappt.
Ich bin eben schneller als er.

Worüber redet ihr eigentlich?

② Warum versteht Mose die Mädchen nicht?

③ Welche Regeln braucht ihr für eure Klasse?
Schreibt sie auf.

④ Besprecht euch mit den anderen Gruppen.
Schreibt die Regeln auf ein Plakat.

Freunde

① Lies den Text.

Anna und Lisa sind beste Freundinnen.
Sie spielen in jeder Pause mit Annas Ball.
Auch heute laufen sie gemeinsam
auf den Schulhof. Da schreit Susi:
„Wer spielt mit *Kaiser, wie viele Schritte*?“
Alle stellen sich auf, nur Anna steht mit ihrem Ball
an der Schulwand. Das erste Spiel gewinnt Lisa.
Fröhlich ruft sie Anna zu: „Spiel doch mit!“
Aber Anna rennt enttäuscht weg.

② Warum rennt Anna enttäuscht weg? Erzähle.

③ Nach der Schule läuft Lisa hinter Anna her.
Wer sagt was? Verbinde.

④ Lies das Gespräch mit einem Partner.

⑤ Findet eine Lösung für den Streit.
Spielt das Gespräch vor.

⑥ Wann warst du enttäuscht und warum? Erzähle.

Das Abc

① Lies den Klassen-Rap.

② Erzähle.

③ Lerne ihn auswendig.

A-B-C
ich tue dir nicht weh.

D-E-F
ich bin hier nicht der Chef.

G-H-I
schlagen will ich nie.

J-K und L
aber helfen kann ich schnell.

M-N-O
das macht uns beide froh.

P-Q und R
doch ist es manchmal schwer,

S-T-U
dann höre ich dir zu.

V und W
wenn ich dich lachen seh,

X-Y-Z
find ich dich einfach nett.

Andrea Warnecke

④ Schreibe das Abc auf.

⑤ Nenne die Buchstaben in der Reihenfolge, in der sie aus der Rutsche kommen.

⑥ Markiere die Piloten.

Diese Piloten bekommen einen neuen Namen.
Sie heißen **Selbstlaute** (Vokale).
Die anderen Buchstaben
im Abc heißen **Mitlaute** (Konsonanten).

⑦ Trage die fehlenden Anfangsbuchstaben ein:
Mitlaute grün und Selbstlaute gelb.

 ___afel

 ___öwe

 ___meise

 ___aun

 ___ose

 ___aus

 ___ma

 ___al

 ___irat

 ___nte

 ___fo

 ___abel

Das Schul-Abc

① Schreibe ein Schul-Abc.

A		N	
B		O	
C	Computer,	P	
D		Q	
E		R	Radiergummi,
F		S	
G		T	
H	Hausmeisterin, Heft,	U	
I		V	
J		W	
K		X	Xylophon,
L		Y	
M		Z	

② Setze die fehlenden Buchstaben ein.

1 5 7 9 14 18 19 20 23 26

_ B C D _ F _ H _ J K L M _ O P Q _ _ _ U V _ X Y _

_ _ _ _ _ _ _ _ _ _ _ _ _ _ _

18 1 20 5 14 9 19 20 23 9 20 26 9 7

③ Schreibe das Abc mit kleinen Buchstaben auf.
Markiere die Selbstlaute.

a, b,

④ Welche Buchstaben fehlen?

Oles Schulweg

① Die Schule ist aus. Erzähle.

Modemarkt

Bäcker

Kiosk

Post

Friseur

Spielwaren

② Was sieht Ole auf dem Weg nach Hause?
Ordne nach dem Abc und schreibe auf.

Bäcker

③ Was siehst du auf deinem Schulweg?
Schreibe auf Zettel.

④ Ordnet eure Zettel nach dem Abc.

❺ Schreibe die Wörter geordnet auf.

Bäcker

Kiosk

Unsere Wörterliste

Kari möchte das Wort *Taxi* in der Wörterliste nachschlagen.

T

die **Tafel**, die Tafeln
die **Tasche**, die Taschen
die **Tasse**, die Tassen
die **Tatze**, die Tatzen
das **Taxi**, die Taxis
der **Teller**, die Teller
der **Text**, die Texte
das **Tier**, die Tiere

① Lies den Text mit den Bildwörtern.

Milo kommt mit dem  zur Schule.

Salome und ihre Freunde gehen zu 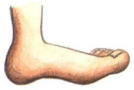 .

An der  müssen sie warten.

Jetzt dürfen sie gehen, doch ein  kommt um die Ecke.

② Schlage die Bildwörter in der Wörterliste nach.
Schreibe sie mit der Seitenzahl auf.

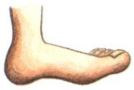

Taxi	S.
	S.
	S.
	S.

③ Suche in der Wörterliste weitere Fahrzeuge mit Rädern.
Schreibe sie mit der Seitenzahl auf.

	S.		S.
	S.		S.

Diesen Tipp findest du auch auf Seite 136.

Wie schreibe ich ab?

Ich
- lese genau.
- verdecke die Wörter.
- schreibe und spreche dabei genau mit.
- kontrolliere und verbessere.

① Lies den Text.

② Schreibe den Text ab.

In der Schule sollen wir abschreiben.
Wir lesen in Silben und schauen genau.
Wir schreiben und sprechen immer leise mit.
Am Ende überprüfen wir alles.

Wiederholungsseite

① Superlange Schlangenwörter: Lies mit Silbenbögen.

Regenpausenklingelzeichen

Kinderschultaschenschnalle

Klassenregelplakatfarbe

② Setze die fehlenden Selbstlaute ein.

R___g___l

T___f___l

Sch___k___l

F___nst___r

Bl___st___ft

W___rf___l

③ In jeder Abc-Röhre fehlt ein Buchstabe.
Schreibe die Buchstaben nacheinander in die Eimer.
Du erhältst ein Lösungswort.

④ Schreibe alle Selbstlaute. Schreibe alle Mitlaute.

⑤ Suche in der Wörterliste bei den Buchstaben F und S
Wörter mit -el und -er am Ende. Schreibe sie auf.

Mein Lieblingsessen

① Erzähle.

② Lies mit Silbenbögen.

Gemüsesuppe	Putenschnitzel	Würstchen
Schokolade	Pommes	Kartoffelbrei
Dönertasche	Tomatensalat	Milchreis

③ Was magst du gern? Schreibe auf.

Karis Lieblingsessen

① Suche in der Wörterliste Wörter für das Rätsel.

Das 2. Wort unter S? S A L A T

Das 3. Wort unter K? _ _ _ ★ _ _ _ _ _

Das 3. Wort unter B? _ _ _ _ _ ★

Das 8. Wort unter E? _ ★ _ _ _

Das 12. Wort unter M? _ _ _ _ ★ _

Die rote Frucht unter E? _ _ _ _ _ _ _ ★

Das 14. Wort unter G? _ _ _ _ ★ _

Das Getränk unter S? _ _ _ ★

Das 7. Wort unter D? _ ★ _ _

Das Gemüse unter P? _ _ _ ★ _ _ _

Das 13. Wort unter T? ★ _ _ _ _ _

Das vorletzte Wort unter Z? _ _ _ _ _ ★ _

S ★ ★ ★ ★ ★ ★ ★ ★ ★ ★ ★ ★

② Schreibe alle Lebensmittel unter E, G und S aus der Wörterliste heraus.

E:

G:

S:

Früchtequark

① Betrachte die Bilder und beschreibe.

② Ordne die Textstreifen den Bildern zu.

◯ Ich rühre die Milch in den Quark.

◯ Ich mische den Quark mit den Früchten.

◯ Ich stelle alle Zutaten auf den Tisch.

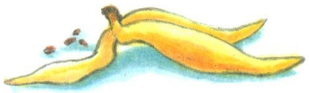

◯ Ich wasche und schneide die Früchte.

③ Schreibe die Sätze geordnet ab.

④ Schreibe einen Einkaufszettel für den Früchtequark in dein Heft.

Silbensuppe

① Welche Silben gehören zusammen? Verbinde in verschiedenen Farben.

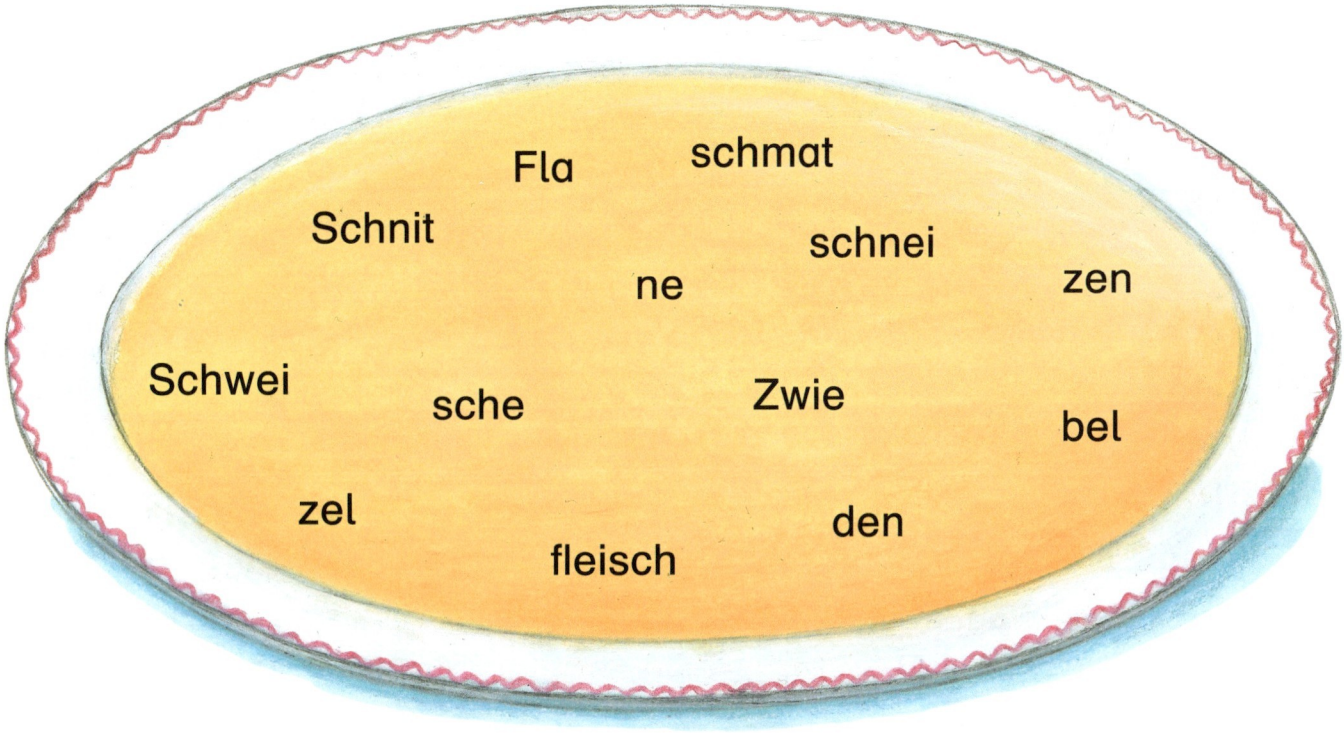

② Schreibe die Wörter auf.

Schnitzel,

③ Setze Silbenbögen. Entscheide i oder ie.

Tiere

B_rne

schw_tzen

tr_nken

B_ne

s_ben

Zw_bel

spr_ngen

Das Sportfest

① Welche Anfangsbuchstaben fehlen? Trage sie ein.

Tor	_aum	_atze	_eile
_all	_inder	_echer	_ausmeister

② Schreibe die Wörter auf.

Alles, was ich anfassen oder haben kann, schreibe ich groß.

Tor,

③ Welche Wörter kannst du anfassen oder haben?
Markiere und schreibe sie auf.

LAUFEN LEHRER HECKE LIEST

ROSEN TURNSCHUHE FLASCHEN

MUTTER VOGEL GESTERN KATZE

Lehrer,

④ In Nummer 3 hast du viele Wörter großgeschrieben.
Ordne die Wörter und schreibe sie in die richtige Zeile.
Markiere die Großbuchstaben.

Menschen:

Tiere:

Pflanzen:

Dinge:

⑤ Ergänze aus der Wörterliste.

Wörter für *Menschen*, *Tiere*, *Pflanzen* und Dinge heißen **Nomen**.
Nomen schreibe ich groß.

A a

Auf dem Fußballplatz

Schön, die Sonne scheint.

Schau mal, der Mann mäht die Wiese.

O, das Tor ist neu. War das Netz kaputt?

Wann beginnt das Spiel?

Hat der Pudel die Pfeife geklaut?

Ist der Torwart nicht hier?

① Unterstreiche alle Nomen.

② Markiere die Wörter, die vor den Nomen stehen.
Schreibe die drei verschiedenen Wörter auf.

Nomen können einen **Artikel** (Begleiter) haben:
der Reifen, **die** Harke und **das** Seil.

③ Ordne die Nomen mit Artikel in die Tabelle ein.

der	die	das
der Torwart		

Wir halten uns fit

① Würfle Quatschsätze. Schreibe sie auf.

Das Zebra	turnt.
Das Eichhörnchen	hüpft.
Der Schwan	klettert.
Die Schnecke	schwimmt.
Die Qualle	rodelt.
Die Fledermaus	klatscht.

② Erzähle von deinem Sport.

③ Schreibe über deinen Sport.

Ich

Dosendiktat

① Betrachte die Bilder und beschreibe.

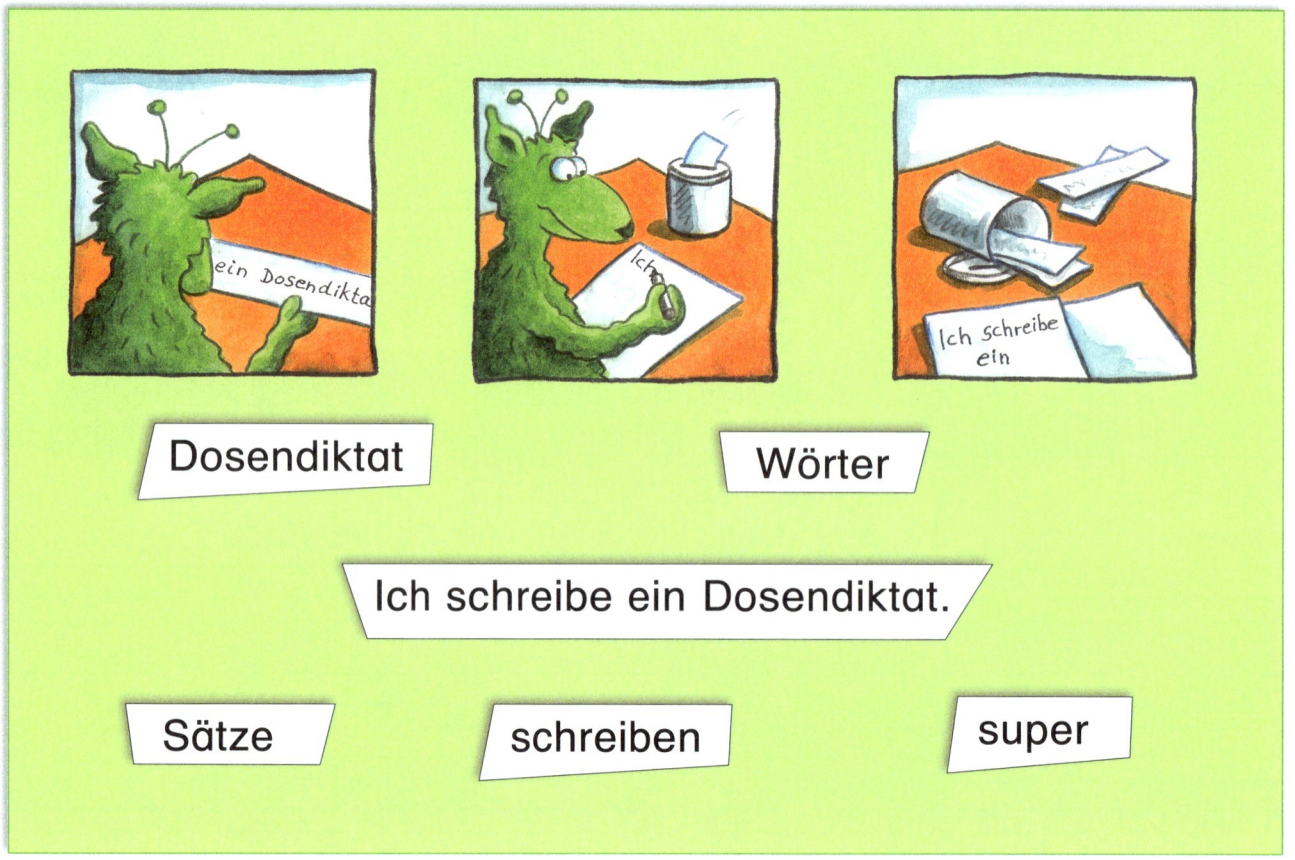

② Schreibe die Wörter und den Satz auf kleine Zettel.
Schreibe ein Dosendiktat.

③ Hole die Wortstreifen aus der Dose und kontrolliere deinen Text.

Wiederholungsseite

① Finde die Nomen. Schreibe sie mit Artikel auf.

WASSERBANANEGURKESALATTORSEILTASCHEPOKAL

② Suche diese Wörter in der Wörterliste.
Welches Wort steht darunter und darüber? Schreibe es ab.

essen	Salat	Gemüse

③ Ein Rätsel: Unterstreiche die acht Nomen.

ICH WACHSE AN EINEM BAUM IM GARTEN.
IN MEINEM HAUS STECKEN VIELE BRAUNE KERNE.
MEIN STÄNGEL IST
EIN KLEINER STIEL.
ALLE KINDER ESSEN MICH GERNE.
ICH SCHMECKE AUCH GUT
AUF EINEM KUCHEN.

④ Male die Lösung.

Im Wald

① Beschreibe, was du auf dem Bild siehst.

② Die Klasse 2b erzählt Reihumgeschichten. Erzähle weiter.

„Eine Klasse macht einen Herbstspaziergang."

„Auf einmal bleiben alle stehen."

„Sie hören einen lauten Schrei."

③ Schreibe deine Geschichte weiter.

④ Lies die Fragen. Kreuze an.

Fällt das Kind hin? ☺ ☹

Rennen die Kinder? ☺ ☹

Sitzt der Vogel im Baum? ☺ ☹

Fliegen die Vögel hoch? ☺ ☹

Frisst die Maus? ☺ ☹

Verkriechen sich die Mäuse? ☺ ☹

Die meisten Nomen gibt es in der **Einzahl** (Singular) und in der **Mehrzahl** (Plural).

⑤ Unterstreiche die Nomen mit Artikel. Was fällt dir auf?

⑥ Schreibe die Nomen in der Einzahl und in der Mehrzahl mit Artikel auf.

	Einzahl		Mehrzahl
	das Kind		die Kinder
	der		

⑦ Wie heißt der Artikel bei Nomen in der Mehrzahl?

❽ Finde weitere Nomen. Schreibe sie in Einzahl und Mehrzahl auf.

Doppelte Mitlaute

Diese Zwillingsbuchstaben sind doppelte Mitlaute.

① Zeichne Silbenbögen. Schreibe die Wörter passend in die Tabelle.

	einfacher Mitlaut	doppelter Mitlaut
	Hüte	
		Hütte

Ich schwinge weiter:
Einmal doppelt = immer doppelt.

② Schreibe die Nomen in der Einzahl und der Mehrzahl auf.
Schwinge dabei weiter und zeichne Silbenbögen.

	Einzahl	Mehrzahl
	das Quartett	die Quartette
	das Skelett	

So ein Wetter!

① Lies und beschreibe.

Regenschirme

Wenn die ersten Tropfen fallen,
lustig auf das Pflaster knallen,
blühen sie wie Blumen auf.
Bunt gestreifte, bunt gefleckte,
bunt getupfte, bunt gescheckte
nehmen fröhlich ihren Lauf.

Seit die ersten Tropfen fallen
schweben sie auf dünnen Stielen
leuchtend, schimmernd, rund und glatt.
Bunt gestreifte, bunt gefleckte,
bunt getupfte, bunt gescheckte
Schirme blühen in der Stadt.

Vera Ferra-Mikura

② Gestalte diesen Text mit Schrift.

Regentropfen groß und klein,
lang gestreckt und nebelfein,
tropfen, klatschen, perlen, rollen,
blubbern aus den übervollen
Regentonnen, Regenrinnen,
gluckern endlich ganz von hinnen.

Katharina Berg

Wetterwörter

① Verbinde und schreibe auf.

Bogen — Regenbogen

Schirm

Tropfen

Wolke

Jacke

Tag

Aus mehreren Nomen kann man **zusammengesetzte Nomen** bilden.
Regen + **B**ogen = Regen**b**ogen.

② Bilde zusammengesetzte Nomen.
Schreibe sie mit Artikel auf.

③ Schau dich in deiner Klasse um.
Finde selbst zusammengesetzte Nomen und schreibe sie auf.

④ Lies das Gedicht. Was fällt dir auf?

Herbstblätterhaufen
Blätterhaufenherbst
Herbstblätterhaufen
Haufenblätterherbst
Herbstblätterhaufen

⑤ In dem Gedicht sind Nomen zusammengesetzt.
Schreibe sie auf.

⑥ Schreibe selbst ein Gedicht.

Kinder – Spiel – Platz

⑦ Tragt eure Gedichte vor.

⑧ Finde drei Nomen und schreibe ein eigenes Gedicht.

Zwischen den dunklen Bäumen

① Lies die Geschichte und schreibe sie zu Ende.

Tim ist so doof! Wütend stapft Mario
durch den Wald. Tim hat ihn hergeschleppt
und dann Angst bekommen.
Einfach abgehauen ist er. So ein Weichei!
Ein Zweig klatscht Mario ins Gesicht.
Er zuckt zusammen. Es ist ganz still ringsum.
Langsam kriecht die Dunkelheit
durch die Baumkronen.
Zwischen den Bäumen sammeln sich Schatten.
Mario spürt, wie ihm kalt wird.
Er bleibt stehen. Wo geht es weiter?
Raschelt da nicht etwas? Er holt tief Luft.
Hinter ihm knackt es. Mario fährt herum.
Auf einmal ...

Eine Entdeckung

① Lies den Text.

② Schwinge weiter und schreibe auf.

Ein schöner Ta . Tage Tag

Tom ist Lisas Freun .

Heute spielen sie im Wal .

Der Hun Filo ist auch da.

Er rennt über den We .

Am Fel bellt Filo laut.

Doch da steht nur ein altes Zel .

③ Schwinge weiter und schreibe die Wörter. Kreuze den richtigen Stern an.

Kin d_ Kinder

Bro__ Brote

Ber__

Kor__

Hu__

Pfer__

Höre ich ein **p**, **t** oder **k** am Wortende, schwinge ich weiter.

Partnerdiktat

Herbst
Der Wind pustet über das Feld.
Regentropfen fallen vom Himmel.
Doch da scheint die Sonne wieder.
Ein Regenbogen ist hinter dem Berg zu sehen.

① Führt ein Rechtschreibgespräch.
Welche Wörter sind schwierig?
Schreibe auf.

② Übt den Text in einem Partnerdiktat.

Partnerdiktat

- Lest beide den Text gut durch.
- Sprecht über schwierige Wörter.
- Ein Kind diktiert, das andere schreibt und spricht leise mit.
- Bei einem Fehler ruft ihr „Stopp!“
- Sprecht über den Fehler und verbessert ihn.
- Danach wird gewechselt.

Wiederholungsseite

① Schreibe die zusammengesetzten Nomen auf.

② Schwinge weiter und schreibe die Wörter.
Gelber oder grüner Stern? Kreuze an.

Einzahl		Mehrzahl
Klei___		
Zwer___		
Geschen___		
Mikrosko___		
Urlau___		

③ Was habe ich gelernt? Kreuze an.

Nomen stehen immer in der Mehrzahl. ☺ ☹

Doppelt gesprochen heißt doppelt geschrieben. ☺ ☹

Nomen kann man zusammensetzen. ☺ ☹

Ich kann jeden Buchstaben am Ende eines Wortes hören. ☺ ☹

Mädchensachen – Jungensachen

① Mia kommt wütend aus der Schule.
Lest das Gespräch mit verteilten Rollen.

„Der ist ja so gemein!“
„Was ist denn los? Wer ist gemein?“
„Sören, dieser Blödmann!“
„Ich dachte, Sören ist dein bester Freund.
Ihr habt doch gestern noch zusammen gespielt.“
„Ab jetzt ist er nicht mehr mein Freund!“
„Warum das denn? Habt ihr euch gestritten?“
„Nein! Aber er hat zu Adrian gesagt, dass er nicht mit Mädchen spielt, weil die immer nur so langweilige Sachen machen.“

② Warum ist Mia so wütend?

③ Was meinst du? Was tun Jungen gern? Male rot an.
Was tun Mädchen gern? Male grün an.

singen

Fußball spielen

schwimmen

Buden bauen

Seil springen

basteln

auf Bäume klettern

Rad fahren

toben

tanzen

mit Puppen spielen

lesen

④ Vergleicht und begründet eure Meinung.

⑤ Was tust du gern? Schreibe und stelle vor.

Ich

Ich

⑥ Die Kinder aus der Klasse 2a haben angekreuzt, was sie am liebsten tun. Erzähle.

Name					
Nike					x
Antonia				x	
Kemal		x			
Daniel	x				
Sören			x		
Mia	x				
Sven					x
Max				x	

⑦ Schreibe auf, was diese Kinder am liebsten tun.

Mia und Daniel _____ am liebsten Fußball.

Antonia und Max _____ spannende Bücher.

Sören _____ oft Burgen.

Sven und Nike _____ gern.

Kemal _____ tolle Bilder.

spielen

malt

reiten

lesen

baut

Wörter wie **reiten**, **lesen**, **spielen**, **malt**, **baut** heißen **Verben**.
Verben sagen, was jemand *tut* oder was *geschieht*.

Fingerabdrücke sichern

① Schreibe auf, was man braucht.

Pin	Spie	be	der	pier
~~Kle~~	Lu	Pa	fen	
Pu	pe	gel	sel	strei

Kle

② So kannst du Fingerabdrücke untersuchen.
Ordne die Verben zu.

entfernen | drücken | kleben | kleben | untersuchen | tupfen

– den Daumen fest auf den Spiegel _____

– etwas Puder auf den Fingerabdruck _____

– einen Klebestreifen über den Abdruck _____

– ihn vorsichtig vom Spiegel _____

– den Klebestreifen auf schwarzes Papier _____

– den Fingerabdruck mit der Lupe _____

③ Schreibe auf, wie du deine Fingerabdrücke sicherst.
Schreibe so:
Ich drücke den Daumen fest auf den Spiegel.
Ich tupfe

④ *Ich tue es. Du tust es. Der Polizist tut es. Wir tun es.* Schreibe auf.

untersuchen
ich untersuche
du
er
wir

kleben
ich
du klebst
er
wir

drücken
ich
du
er drückt
wir

entfernen
ich
du
er
wir entfernen

⑤ Was entdeckst du? Markiere die Endungen der Verben.

⑥ Das habe ich entdeckt:

Verben in der ich-Form enden auf _____,

Verben in der du-Form enden auf _____,

Verben in der er/sie/es-Form enden auf _____ und

Verben in der wir-Form enden auf _____.

Verben verändern sich. Es kommt darauf an, **wer** etwas tut.
ich lache – **du** lachst – **er/sie/es** lacht – **wir** lachen

Windräder

① Lies das Gedicht.

Das Windrad

Mein Windrad bläst der Wind.
Nur ein Wehen
ist noch zu sehen,
so geschwind muss es sich drehen.
Verschwunden ist der bunte Stern.

Windrädchen
bläst der Wind fürs Leben gern.

Der Wind,
dieser lustige Mann,
bis vom Atlantik rennt er daher,
dass er mein Windrad blasen kann.

Josef Guggenmos

② Lerne das Gedicht auswendig und trage es vor.

③ Wie kann man Wind sehen? Erzähle.

④ So kannst du ein Windrad basteln. Beschreibe.

Du brauchst: Papier, eine Stecknadel, eine Perle,
eine Schere, einen Trinkhalm

So geht es:

Eine Bastelanleitung für Windräder

① Mattis schreibt genau auf, wie er sein Windrad gebastelt hat.
Lies seinen Text.

Ich falte das Quadrat zweimal von Ecke zu Ecke.

_____ Und dann schneide ich die Faltlinien bis fast zur Hälfte ein.

_____ Und dann biege ich die vier Ecken zur Mitte.

_____ Und dann steche ich eine Stecknadel durch alle Ecken.

_____ Und dann stecke ich die Stecknadel durch eine Holzperle in einen Trinkhalm.

② Lies den Text noch einmal laut.
Wie fangen die Sätze an? Unterstreiche.

Und dann ...
Und dann ...
Und dann ...

③ Verändere die Satzanfänge. Benutze die Wortkästen. Schreibe so:

Danach ~~Und dann~~ schneide ich ...

anschließend | ~~danach~~ | zum Schluss | nun | jetzt | als nächstes

④ Schreibe die Bastelanleitung mit den veränderten Satzanfängen auf.

Ich falte das Quadrat zweimal von Ecke zu Ecke.
Danach ...

⑤ Schreibe auf, wie Mattis sein Windrad bastelt.

Er faltet das Quadrat zweimal von Ecke zu Ecke.
Danach ...

Wörter bauen

① Lies die Sätze. Was tun die Kinder?
Unterstreiche die Verben.

Ich male einen Vogel. Timo malt einen Hund.
Wir malen unser Haustier. Wen malst du?

② Verbinde in verschiedenen Farben und schreibe auf.

ich	e	ich male
du	st	du
er	t	er
wir	en	wir

mal

③ Lies die Sätze. Was tun die Kinder? Unterstreiche die Verben.

Ich baue ein Haus. Salome baut eine Burg.
Wir bauen gern. Was baust du?

Der Teil des Verbs, der meistens gleich bleibt, heißt **Wortstamm**.
Die verschiedenen Endungen e st t en sind **Wortbausteine**.

④ Verbinde und schreibe die Verben auf.

ich	t	ich baue
du	en	du
sie	st	sie
wir	e	wir

bau

⑤ Markiere jeweils den Wortstamm.
Ergänze die passenden Formen der Verben.

er/sie/es	wir
er kommt	wir kommen
sie	wir schreiben
es	wir brennen
er	wir winken
sie	wir liegen
es	wir wollen

er/sie/es	wir
er	wir wippen
sie	wir schieben
es	wir brummen
sie	wir lügen
er	wir geben

⑥ Markiere nun den Wortstamm in deinen geschriebenen Verben.

Schwinge weiter, wenn du unsicher bist, wie ein Wort geschrieben wird:
mm oder **m**, **ll** oder **l**, **nn** oder **n**, **b** oder **p**, **g** oder **k**, ...

❼ Finde weitere Verben mit schwierigen Stellen.

Sternenforscherseite

① Lies den Text.

Paul hat einen Drachen gebastelt.
Heute will er ihn fliegen lassen.
Paul hat die Leine in der Hand.
Dann rennt er los.
Der Drachen steigt hoch in die Luft.
Zwei Mädchen schauen zu und staunen.

② Ordne die markierten Wörter. Überprüfe.

Wort im Text	Zeichen	Überprüfungswort

③ Markiere diese Wörter oben im Text.

ihn | dann | Mädchen | und

④ Meine schwierigen Wörter:

Wiederholungsseite

① Finde die fünf Nomen und die fünf Verben.
Kennzeichne sie.

SUMMEN	SCHNUR	BRÜLLEN	HÖREN	BALL
BURG	WIND	JAGEN	SPIEGEL	GEBEN

② Bilde mit den Verben Sätze.

③ Vervollständige die Sätze mit den Verben
in der richtigen Form.

Ein Fisch _____ im Wasser.

Ich _____ ein Lied.

Du _____ sehr schnell.

Er _____ einen Brief.

Wir _____ auf dem Spielplatz.

singen

rennen

schwimmen

wippen

schreiben

④ Schreibe die Wortbausteine am Ende farbig nach.

ich friere sie glaubt du legst
du frierst wir glauben es legt
wir frieren du glaubst ich lege

⑤ Schreibe die Verben in der er-Form und in der wir-Form auf.

schwimmen malen fragen holen essen

Gefühle

① Betrachte die Bilder. Beschreibe.

② Stellt die Gefühle dar.

wütend	glücklich	müde
traurig	ängstlich	beleidigt
schüchtern	stark	erschrocken

Wut

① Lies das Gedicht.

Wut, Wut, Wut!
Tut mir gar nicht gut.
Wenn ich richtig wütend bin,
werf ich alle Sachen hin,
schmeiße Türen, trample laut,
bis mein Papa grimmig schaut.
Wut, Wut, Wut!

Wut, Wut, Wut!
Da tut mein Hase gut.
Schnuppernase, weiches Fell,
nun verfliegt der Kummer schnell.
Kommt Papa dann zu mir ans Bett,
wird uns're Welt auch wieder nett.
Wut, Wut, Wut,
nun ist es wieder gut.

Kerstin von Werder

② Was macht dich wütend? Erzähle.

③ Was machst du, wenn du wütend bist?
Schreibe auf.

④ Was macht dich fröhlich? Schreibe auf.

Langeweile

① Erzähle zum Bild. Suche Lösungen.

Mir ist langweilig.

Was kann ich nur machen?

② Das sind Vorschläge, was der Junge machen könnte.
Lies die Sätze. Setze Satzzeichen.

Wen könnte ich anrufen ?
Milo hat sicherlich ein tolles neues Spiel
Ich will mit Timo spielen
Wer hat heute Zeit
Wohin wollte Sara heute Nachmittag gehen
Ich gehe einfach nach draußen
Ich will Fußball spielen
Soll ich mir einen Film ausleihen

③ Kreise den Buchstaben am Satzanfang ein.
Kreise das Zeichen am Satzende ein.

Am Ende eines Satzes steht ein **Satzzeichen**.
Es kann ein **Punkt** oder ein **Fragezeichen** sein.
Jeder Satz beginnt mit einem großen Anfangsbuchstaben.

A a

Familienleben

① Setze die richtigen Fragewörter ein.

_____ heißt deine Oma?

_____ wohnt dein Vater?

_____ hast du Geburtstag?

_____ hat in deiner Familie die größten Füße?

② Beantworte die Fragen.
Schreibe so: Meine Oma heißt ...

③ Erzähle von deiner Familie.

④ Stellt euch gegenseitig W-Fragen zum Bild.

⑤ Setze die richtigen Satzzeichen ein.
Unterstreiche die Fragewörter.

Was ist hier nur los ■
Bei Familie Findenix geht es drunter und drüber ■
Alle wollen in den Urlaub fahren ■
Wo ist nur der Autoschlüssel ■
Onkel Paul will sofort Fische fangen ■
Wer verreist nie ohne seinen Fußball ■
Das Baby schreit ■
Warum geht bei Familie Findenix immer alles schief ■

Leben in der Familie

① Lies den Text.

Mein Bruder hat einen Becher getöpfert.
Immer wenn ich ihn haben will, stellt er ihn weg.
Warum lässt er mich niemals daraus trinken?
Aber heute ist Andre nicht da. Jetzt oder nie!
Wo ist der Becher nur? Er steht oben im Schrank.
Wie komme ich da nur dran? Er steht so hoch.

② Was ist Imke passiert? Erzähle.

③ Wenn Andre nach Hause kommt, will Imke sich entschuldigen.
Was könnte sie sagen? Spielt das Gespräch.

④ Imke versucht Andre einen Entschuldigungsbrief zu schreiben.
Sie sammelt Ideen.
Schreibt für Imke einen Entschuldigungsbrief.

~~Hallo Andre!~~
Lieber Andre!
Mein lieber Bruder!

Mir ist ein Unglück passiert!
Ich habe mir deine Tasse
heimlich genommen.

Entschuldige bitte! Ich habe deinen Becher umgeworfen.
Es tut mir so leid! Ich habe deine Tasse fallen lassen.
Ich habe deinen Becher kaputt gemacht. Verzeih mir bitte!

Wie kann ich das wieder gut machen?
Was kann ich dir als Entschuldigung von mir geben?

Deine kleine Schwester Imke
Liebe Grüße deine Imke

⑤ Vergleicht Imkes Entschuldigungen.

⑥ Erzähle von einem Streit, den du hattest.
Wie hast du dich entschuldigt?

Auch Wörter haben Familien!

① Sortiere die Familienmitglieder in die richtigen Bilderrahmen.
Markiere den Familienstamm.

Gehweg | vorgehen | Stehplatz | er geht | verstehen | anstehen | sie steht | weggehen

② Bilde zu jeder Wortfamilie zwei Sätze.
Schreibe auf.

Vorsilben

Haben Wortfamilien auch Vornamen?

Nein, aber manche haben Vorsilben.

Vorangestellte Wortbausteine nennt man **Vorsilben**. Sie verändern die Bedeutung von Wörtern.

① Markiere die Vorsilben.

aufschreiben abschreiben vorschreiben

verschreiben beschreiben

② Lies die Sätze und verbinde sie mit dem passenden Verb. Schreibe die Wörter dazu.

aussuchen	Meine Oma kann ich	besuchen .
besuchen	Ich darf mir dort ein Spiel	.
auslaufen	Der kleine Junge hat sich	.
verlaufen	Die Milch soll nicht	.
wegziehen	Sie darf die neue Hose	.
anziehen	Onkel Torsten musste leider	.
bestellen	Wir müssen uns am Ende	.
ausstellen	Wir möchten heute Pizza	.
anstellen	Wir dürfen unsere Plakate	.

③ Markiere die Vorsilben.

Wortbausteine

① Markiere die Vorsilben.

vorfahren Anpfiff
einschlafen mitmachen
vorlesen weggehen Vorsilben
abfragen Aussicht Eingang

② Setze einige Vorsiben und den passenden Stamm zusammen.

vor +	fahren	→	vorfahren
+	pfiff	→	Anpfiff
+	schlafen	→	
+	machen	→	
+		→	
+		→	
+		→	

③ Schreibe neue Wörter.

sehen schlafen laufen ver vor ab be an ein weg

wegsehen, ansehen,

④ Finde eigene Wörter mit Vorsilben.

Was machen Freunde?

① Lies das Gedicht. Erzähle.

Was machen Freunde?
Ein Freund versteht mich.
Ein Freund, der geht nicht.
Ein Freund verleiht mir seinen Ball.
Ein Freund verzeiht Streit auf jeden Fall.
Ein Freund dreht mit mir das Karussell.
Mit Freunden vergeht die Zeit einfach schnell!

Kerstin von Werder

② Markiere die Verben. Was fällt dir auf?

③ Schreibe die markierten Verben auf.
Bilde zu den Wörtern die wir-Form.
Markiere das h.

★	★
versteht	wir verstehen
geht	

Einmal h – immer h!

④ Was machst du gern mit deinem besten Freund oder deiner besten Freundin? Schreibe auf.

Milos Witz

① Lies den Witz. Erkläre.

② Spielt den Witz nach.

Der kleine Timo sitzt mit seiner Mutter im Zug.
Er isst leckere Kirschen.
Nebenan liest ein Mann Zeitung.
Als die Kirschen alle sind,
steigen Timo und seine Mutter aus.
Mutter meckert: „Du hast die Kerne hoffentlich nicht auf den Boden gespuckt!“
Timo antwortet entsetzt: „Natürlich nicht!
Ich habe sie alle gut weggepackt.“

③ Unterstreiche in Milos Witz die Wörter mit ck und tz.

④ Reime und schwinge weiter.

flitzt	flitzen
schw	
s	

Witz	Witze
S	
Bl	

gespuckt	spucken
gej	
gez	

Knick	Knicke
Bl	
Tr	

⑤ Schreibt eigene Witze auf.

⑥ Gestaltet ein Heft als Witzsammlung.

Sternenforscherseite

① Lies den Text.

Timo und sein Vater sind am Wasser.
Dort sitzt Ole und schleckt Eis.
Beide verstehen sich sofort gut.
Gemeinsam buddeln sie einen Tunnel.
Ole holt seine Autos aus der Tasche.
Später geht Timo Steine suchen.
Sie wollen eine Brücke bauen.

② Ordne die markierten Wörter. Überprüfe.

Wort im Text	Zeichen	Überprüfungswort

③ Markiere diese Wörter oben im Text.

Vater sind später

④ Meine schwierigen Wörter:

Wiederholungsseite

① Setze die fehlenden Fragewörter ein.

_____ heißt dein Vater?

_____ wohnt deine Oma?

_____ gehst du zur Schule?

② Beantworte die Fragen.

③ Setze die richtigen Satzzeichen ein.

Toto ist meistens ein lieber Hund
Heute hat er sich wieder von der Leine losgerissen
Wo ist er hingelaufen
Warum flitzt er immer zu Frau Özker
Sie gibt ihm leckere Wurst
Wer könnte ihm das übelnehmen

④ Markiere die Vorsilben.

ankommen vormachen abstellen
weglaufen verleihen einkaufen

⑤ Suche und markiere die Verben.
Schreibe sie auf. Begründe mit den Sternen.

h	ü	s	t	e	h	t	e	t	e
h	b	b	l	i	t	z	t	e	c
b	ü	c	k	t	n	g	t	z	z
c	k	k	ü	g	g	e	h	s	t
ü	s	c	h	w	i	t	z	t	e

⑥ Schreibe Sätze mit den Verben.

Wunschträume

① Was träumen die Kinder? Erzähle.

② Wovon träumst du?
Schreibe und male.

Verzauberte Sätze

① Bilde richtige Sätze und schreibe sie auf.

Tom ist
ein großer Zauberer.

Tom ist ein

An seinem Hut
ein Blumenstrauß.
steckt

weiße Tauben.
zaubert Er

Er
auf einem Fußball.
tanzt

ihm viel Spaß.
macht Es

② Unterstreiche alle Wörter mit β.

Wie ist es im Märchenland?

② Wie können Dinge sein? Schreibe die Sätze auf.

Wie ist der Turm? Der Turm ist hoch.

Wie ist der Zopf?

Wie ist das Feuer?

Wie ist der Zwerg?

Wie ist die Kugel?

Wie ist der Brunnen?

Wie ist die Tanne?

Adjektive sagen, *wie* etwas ist:
Wie ist der Ball? Der Ball ist **rund**.

③ Suche in der Wörterliste unter G alle Adjektive und schreibe Sätze dazu in dein Heft.

④ Was ist das Gegenteil? Verbinde.

klein süß hell dünn neu stark reich böse

dunkel groß dick sauer schwach arm alt lieb

⑤ Schreibe die Wörter als Gegensatzpaare auf.

klein – groß,

Ein Adjektiv kann zwischen Artikel und Nomen stehen. Es verändert sich.

⑥ Beschreibe die Märchenwaldbewohner.

gestreift böse schön lustig alt grün

die alte Hexe

⑦ Bilde ganze Sätze.
Schreibe so: Die alte Hexe lebt im dunklen Wald.

Die flotte Hexe

① Wie soll deine flotte Hexe aussehen?
Suche dir aus dem Hexenkessel passende Adjektive aus. Trage sie ein.

Die Hexe hat einen gestreiften Hut.

Ihr Rock ist _____ und hat _____ Punkte.

Der Flicken auf dem Rock ist _____.

Die Bluse male ich _____ an.

Sie trägt einen _____ Mantel.

Ihr Gürtel glänzt _____.

Die Stiefel sind _____.

Den Besen male ich _____.

Sie hat einen _____ Hexenstab.

Ihre Hexenkatze hat _____ Augen und ein _____ Fell.

② Male deine flotte Hexe so an.

③ Schreibe eine eigene Geschichte über deine flotte Hexe.

Katze Mika

① Lies den Text. Ordne die Wörter richtig ein.

Katze Mika geht _____.

Sie _____ über _____ und _____.

In einem _____ entdeckt sie einen _____.

Sie bleibt _____.

Katze Mika _____ mit dem Spatz.

Der Spatz und Mika werden Freunde.

Beide _____ zusammen und haben viel _____.

Strauch | spricht | stehen | spazieren | Spatz | Stock | spielen | Stein | Spaß | springt

② Schreibe die Verben in der passenden Form in die Tabelle.

wir	du	er/sie/es
spazieren	du spazierst	
springen		
stehen		
sprechen		
spielen		

③ Schreibe mit diesen Verben Ich-Sätze.
Schreibe so auf:
Ich spaziere nach Hause.

④ Suche Wörter aus der Wortfamilie *spiel*?

⑤ Bilde mit diesen Wörtern Sätze. Schreibe sie in dein Heft.

Viele Ideenblitze

① Schreibe deine Ideenblitze zu dem Bild auf.

② Vergleicht eure Ideenblitze.

③ Wähle Ideenblitze für deine Geschichte aus.

④ Schreibe mit deinen Ideenblitzen eine Geschichte.

⑤ Sammelt eure Geschichten in einem Geschichtenheft.

Eine Geschichte ordnen

① Die Geschichte ist durcheinander.
Ordne die Absätze in eine richtige Reihenfolge. Trage Nummern ein.

◯ Am Schluss kommen alle in die Manege gelaufen.
Das war ein tolles Erlebnis für Tom.

◯ Zu Beginn lachen alle über den Clown
mit den großen Schuhen. Gleich kommen die Löwen.

◯ Ein Löwe brüllt plötzlich sehr laut.
Alle werden jetzt ganz still.

◯ Tom ist heute mit seiner Oma im Zirkus.

◯ Die Seiltänzer stehen nach der Pause auf dem wackeligen Seil.

◯ In der Pause kauft sich Tom eine Tüte Popcorn.

② Welche Wörter können dir helfen, die Reihenfolge zu bestimmen?
Markiere sie. Schreibe sie ab.

③ Welche Überschrift passt? Kreuze an und Begründe.

◯ Die mutigen Seiltänzer ◯ Tom im Zirkus

④ Schreibe die Geschichte mit Überschrift in der richtigen Reihenfolge
in dein Heft.

Sternenforscherseite

① Lies den Text.

Der kleine Clown Pepino soll heute auftreten.
Ihm geht es gut.
Sein Hemd ist gestreift.
In der ersten Nummer turnt er auf einem Ball.
Seine großen Schuhe wackeln an den Füßen.
Darum stolpert er besonders oft.
Alle lachen laut. Pepino ist jetzt glücklich.

② Ordne die markierten Wörter. Überprüfe.

Wort im Text	Zeichen	Überprüfungswort

③ Markiere diese Wörter oben im Text.

Clown ihm jetzt glücklich

④ Meine schwierigen Wörter:

Wiederholungsseite

① Lies den Text und unterstreiche die 8 Adjektive.

Der kleine Affe Beppo lebt auf einer schönen Insel.
Heute läuft er an den weißen Strand.
Er will große Muscheln sammeln.
Doch was liegt denn da?
Im heißen Sand sieht er eine grüne Flasche.
Er öffnet sie und findet eine bunte Schatzkarte.
Nun geht Beppo auf eine tolle Schatzsuche.

② Welche Wörter sind keine Adjektive? Streiche sie durch.

riesig | weiß | spitz | heiß | am | gießen
wütend | bohren | lang | gesund | laufen
schön | schwer | lila | schrumpelig

③ Ergänze die Sätze.

heiß | Fußball | Straße | Spaß | spritzen | Gießkanne

Heute scheint die Sonne. Es ist sehr _____ .

Jan und Eva treffen sich auf der _____ .

Erst wollen sie _____ spielen.

Da haben beide eine Idee. Sie _____ sich

mit der _____ kaltes Wasser über den Kopf.

Heute haben sie viel _____ .

Haustiere

① Erzähle.

② Suche dir ein Tier aus.

③ Was gefällt dir an diesem Tier?

④ Julia schreibt über ihre Tiere.
Setze die fehlenden Buchstaben ein. Überprüfe.

eu oder äu?

e oder ä?

Ich habe zwei weiße M_äu_se.	eine Maus
Ihre Schw___nze sind sehr lang.	ein
Sie haben zwei H___ser.	
Eine Maus schl___ft fast immer.	wir schlafen
Die andere l___ft immer herum.	

Aus **a** wird **ä**, aus **au** wird **äu**.
Bei **Nomen** bilde ich die **Einzahl**: zwei M**äu**se – eine M**au**s.
Bei **Verben** hilft die **wir-Form**: schl**äf**t – wir schl**a**fen.

⑤ Schreibe erst die wir-Form. Setze die fehlenden Buchstaben ein.

wir	sie schl___gt
	er f___hrt
	es l___ft
	sie l___sst

⑥ Welches Wort schreibst du hier?

	sie r___mt auf
	der R___ber

Über Tiere informieren

① Sophie soll über ihre Haustiere schreiben.
Erzähle.

Aussehen

Lebensweise

Pflege

Zubehör

Nahrung

② Male in den entsprechenden Farben aus.

Schwanz 6 cm lang

Laufrad

Salat

putzen sich alleine

rote Augen

Schlafhaus

schlafen am Tag

Trinkflasche

zwei Futternäpfe

Käfig jede Woche reinigen

knabbern und klettern gerne

Körper 6 cm lang

Getreidekörner

müssen nicht gekämmt werden

leben nicht gerne alleine

Apfel

Käfig

③ Wo kannst du dir zusätzliche Informationen über Mäuse beschaffen?
Erzähle.

④ Verteilt die Oberbegriffe und schreibt dazu Sätze.
Gestaltet ein Plakat. Stellt das Plakat in der Klasse vor.

❺ Wählt ein eigenes Tier.
Sucht Informationen. Gestaltet ein Plakat.

⑥ Lies den Text. Was fällt dir auf?

Katzen leben meistens in Häusern und Wohnungen.
Rennmäuse leben in der Steppe.
Auf Bauernhöfen leben sie oft nur draußen.
In kleinen Hügeln legen sie Höhlen an.
Sie schleichen durch Gärten, Wiesen und Felder.
Diese Höhlen sind durch Gänge verbunden.
Hier wohnen Rennmäuse in Familien zusammen.
Dort fangen sie gerne Mäuse
und andere Tiere.

⑦ Über welche Tiere wird hier berichtet?

⑧ Unterstreiche rot, was du über Katzen erfährst.
Unterstreiche blau, was du über Rennmäuse erfährst.

⑨ Schreibe nur die Informationen über eines der Tiere ab.

Auf dem Bauernhof

① Setze die Verben in der richtigen Form ein.

Kerem und seine Mutter _____ zum Bauernhof.
fahren/fährt

Jonas _____ mit seinem Vater hinterher.
fahren/fährt

Im ersten Stall _____ es drei Kälber.
geben/gibt

Sie _____ noch keine Milch.
geben/gibt

Kerem _____: Bitte nicht füttern!
lesen/liest

Ob Kühe das wohl auch _____ können?
lesen/liest

② Trage die richtigen Verbformen ein.

wir	ich	du	er/sie/es
schreiben	schreibe		
fallen			
lesen			
spielen			
tragen			

③ Schreibe mit jedem Verb einen Satz in der du-Form.

④ Prüfe und streiche das falsche Wort durch.

Erst ~~ligt~~ / liegt das Kalb bei seiner Mutter. wir liegen

Nach einer Weile kommt das Tier / Tir zu mir. die

Das Kalb richt / riecht an meiner Hand.

Es schiebt / schibt meine Hand weg.

⑤ ie oder i? Fülle die Tabelle aus.

wir-Form	ich	du	er/sie/es
sch___ben			
		br___ngst	
			l___gt
			tr___nkt
		kr___chst	

⑥ Reime vier Verben mit ie.

Schreibe so:

wir lieben, ich liebe, du liebst, er liebt
wir schieben, ...

Tiere auf dem Bauernhof

① Erzähle.

② Schreibe die Tiere mit Artikel auf.

das Pferd,

③ Setze nun ein oder eine ein.

Auf der Weide steht _____ Pferd.

Auf der Weide grast _____ Kuh.

Auf der Weide hüpft _____ Ziege.

Schläft auf der Weide _____ Hund?

Nein, _____ Hund schläft im Stall.

Ist _____ Kuh im Stall.

Ist _____ Pferd im Stall?

Ist _____ Ziege im Stall?

Schau, ein und eine sind auch Artikel!

Es gibt bestimmte und unbestimmte Artikel.
der die das sind bestimmte Artikel.
ein eine sind unbestimmte Artikel.

④ Fülle die Tabelle aus.

bestimmter Artikel + Nomen		unbestimmter Artikel + Nomen
das	Tier	ein Tier
die	Pfote	
	Schwanz	
	Fell	
	Kopf	
	Kralle	

⑤ Setze bestimmte Artikel ein.

_____ Bauernhof hat viele Ställe.

Dort jagt _____ Katze gern Mäuse.

Im Stall blökt _____ Schaf.

_____ Ente schnattert mit Bu im Teich.

Im Matsch liegt _____ Schwein.

_____ Esel trottet im Kreis.

_____ Bauer fegt den Hof.

Im Garten spielt _____ Hund mit Kari.

⑥ Schreibe die Sätze nun mit unbestimmten Artikeln.

Ein Bauernhof ...

❼ Finde zehn Nomen.
Schreibe sie mit unbestimmtem und mit bestimmtem Artikel auf.

Im Zoo

① Lies das Rätsel.

Quiddel läuft auf großen Tatzen.
Quiddels Fell ist kurz und gestreift.
Mit seinen starken Zähnen reißt er Fleisch vom Knochen.
Quiddel hat einen langen Schwanz.

Quiddel ist _____

② Setze die fehlenden Wörter ein. Lies im Text nach.

Quiddel hat _____ Tatzen.

Er hat ein _____ und _____ Fell.

Seine Zähne sind _____.

Quiddels Schwanz ist _____.

Mit **Adjektiven** kannst du etwas genauer beschreiben.
das Ohr – das **spitze** Ohr

③ Auf Karis Planeten sehen alle Tiger so aus.
Setze die Adjektive ein.

rot

Karis Tiger haben _____ Köpfe

lockig

mit _____ Ohren.

Alle haben ein _____ und _____ Fell.

eckig

Ihre Schwänze sind _____.

kurz

spitz

④ Schreibe ein Tierrätsel.
Tausche dein Rätsel mit einem anderen Kind.

⑤ Schreibe die Nomen mit Artikel unter die Bilder.

das Fell

der Tiger

⑥ Schreibe zusammengesetzte Nomen mit Artikel auf.

der Tiger + das Fell = das Tigerfell

⑦ Unterstreiche die Artikel. Was fällt dir auf?

⑧ Finde zusammengesetzte Nomen mit *Tier*.
Schreibe so:
das Tier + der Schwanz = der Tierschwanz
das Tier + ...

Sternenforscherseite

① Lies den Text.

Meine Katze Minka schläft gerne im Sessel.
Gestern habe ich ihr eine kleine Maus gekauft.
Sie spielt viel damit in der Küche.
Leise schleicht sie sich zur Maus
und schnappt zu.
Immer wieder trägt sie die Maus zu mir.
Minka ist immer sehr flink.

② Ordne die markierten Wörter. Überprüfe.

Wort im Text	Zeichen	Überprüfungswort

③ Markiere diese Wörter oben im Text.

ihr viel sehr

④ Meine schwierigen Wörter:

Wiederholungsseite

① Bilde zusammengesetzte Nomen.
Schreibe sie mit Artikel auf.

Käfig — Tür, Stange, Tier, Gitter

Vogel
Frettchen
Tiger
Meerschweinchen

Käfig

② Setze die fehlenden Buchstaben ein. Überprüfe.

Eine Katze klettert gerne auf B___me.

Im Garten jagt sie M___se.

Auf dem Sessel schl___ft sie gern.

Sie braucht zwei N___pfe.

③ Welche Wörter gehören zu einer Wortfamilie?
Male sie in der gleichen Farbe an.

Wäsche
laut
zählen
Farbe
Arm
Ärmel
Angst
waschen
ängstlich
läuten
färben
Zahl

④ Schreibe die Paare auf.

Lesen kann man überall

① Erzähle.

② Wo liest du? Erzähle.

③ Was liest du gerne? Stelle es vor.

In der Bücherei

① Dies sind Sachbücher.
Welche Arten von Büchern kennst du noch?

② Sortiere die Sachbücher nach dem Abc.

Wenn beim Nachschlagen der erste Buchstabe gleich ist, schaue ich mir den nächsten Buchstaben an.

Geschichten schreiben

① Schreibe dir eine eigene Geschichte. Kreuze an.

Überschrift: _____

Nach einem langen Flug landet das Raumschiff in einem

☐ ☐ ☐ ☐

Die Tür öffnet sich und ein/eine

☐ ☐ ☐ ☐

steigt aus. In der Hand hält er/sie einen/eine

☐ ☐ ☐ ☐

Er/Sie trifft ein Kind und sagt: „Ich habe mich verirrt.
Ich suche einen/eine

☐ ☐ ☐ ☐

Kannst du mir helfen?“ Das Kind ruft: „Ja!“
Gemeinsam machen sie sich auf die Suche.

② Wie geht die Geschichte weiter? Schreibe auf.

③ Finde eine passende Überschrift.

④ Lies deine Geschichte einem Kind vor.
Lass dir sagen, was du gut gemacht hast
und was du noch verbessern kannst.

⑤ Sammelt die Geschichten in einem Geschichtenheft.

Wortfamilien

① Welche Wörter gehören zu den Wortfamilien? Schreibe auf.

Buch	kaufen

② Welche Wörter haben sich hier versteckt?
Markiere die Wortgrenzen, sortiere und schreibe auf.

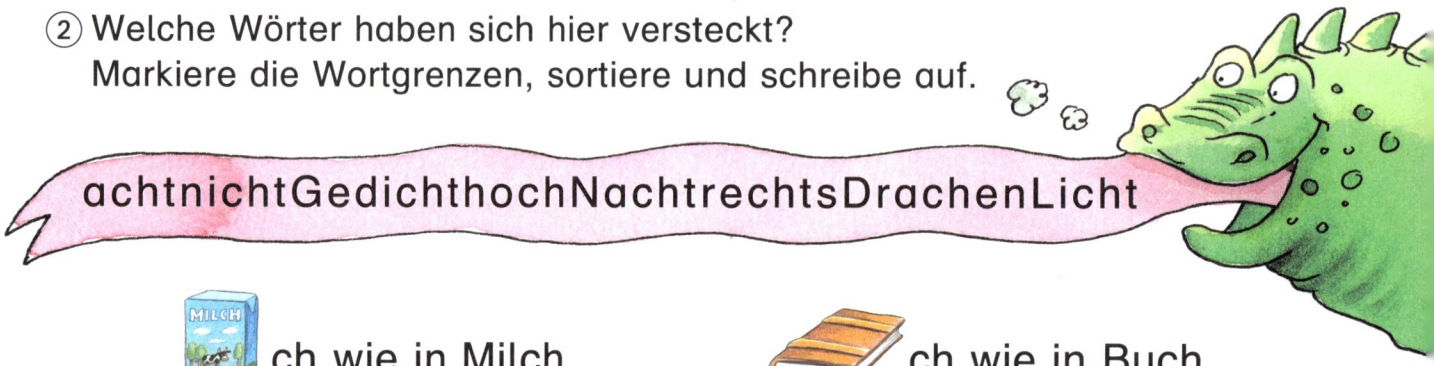

 ch wie in Milch	 ch wie in Buch

Der Buchstaben-Fresser

① Lies den Text.

Angefangen hat es damit, dass Claudia im Garten ein Ei fand. Es war himmelblau, groß und federleicht. Sie brachte es in den Keller. Dabei fiel es ihr aus der Hand, und die Schale bekam einen Sprung. Wenn Claudia geahnt hätte, dass in dem Ei ein Buchstaben-Fresser war, hätte sie es bestimmt nicht angerührt ...

② Hast du auch schon einmal etwas Seltsames gefunden? Erzähle.

③ Finde die passenden Vorsilben für die Wörter. Setze ein.

vor ver auf ab ein weg auf

„Der Buchstaben-Fresser _____tauscht einfach Buchstaben“, erklärte Herr Dill. „Später, wenn er größer ist, wird er die Buchstaben sogar _____fressen.“
„Das kann ich mir nicht _____stellen.
Er kann doch nicht alle Buchstaben _____essen.
Wir müssen uns etwas _____fallen lassen“, rief Mama.
„Wir müssen ihn _____bringen“, sagte Vater.
„Oder wir lassen ihn von der Polizei _____holen.
Sonst bin ich morgen vielleicht plötzlich ein Kater.“

④ Tausche einen Buchstaben. Welches Wort entsteht? Schreibe auf.

Schale → 

Schule → 

Hunde → 

Nase → 

Die Geschichte vom Löwen, der nicht schreiben konnte

① Erzähle die Geschichte mithilfe der Bilder und Stichwörter.

kann nicht schreiben

Löwin

verliebt

Brief schreiben?

„Neiiiiiin!“

So nicht!

② Erfinde mit deinem Partner ein eigenes Ende und male es auf ein Blatt.

③ Erzählt eurer Klasse das Ende der Geschichte.

④ Spielt die Geschichte nach.

⑤ Lies den Brief.
Hilf dem Löwen und prüfe mit den Sternen.
Male den Stern in der richtigen Farbe an.

Liebste / ~~Libste~~ ☆ Freundin.

Jetzt kann ich dir schreiben. Du bist so tol / toll ☆ .

Ich möchte vil / viel ☆ mit dir zusammen sein.

Unter den Bäumen / Beumen ☆

wollen wir faul liegen / ligen ☆

und einfach in den Himmel guken / gucken ☆ .

Ich vermisse dich.

Gruß Löwe

⑥ Schreibe den Brief ab.

Sternenforscherseite

① Lies den Text.

Leon und Lisa lesen gerne Bücher.
Ihnen gefallen Geschichten, die spannend sind.
In der Bücherei suchen sie sich neue Bücher aus.
Aber Lisa findet nichts. Sie kennt schon alle Bücher.
Der Name von Leons Buch ist:
Die Olchis fliegen in die Schule.
Es gefällt ihm. Er liebt die Streiche der Olchis.

② Ordne die markierten Wörter. Überprüfe.

Wort im Text	Zeichen	Überprüfungswort

③ Markiere diese Wörter oben im Text.

von ihm ihnen

④ Meine schwierigen Wörter:

Wiederholungsseite

① Ordne nach dem Abc.

vorbei
verlaufen
Wasser
Vampir

② Schlage in der Wörterliste nach und schreibe richtig auf.
Schreibe auch die Seitenzahl auf, auf der du das Wort gefunden hast.

vir – fier – fir – vier		S.
nichs – nichts – nichtz		S.
jezt – jetz – jetzt		S.

③ Bilde mit den Vorsilben viele neue Wörter. Schreibe auf.

an		suchen
auf		fahren
ab		lesen
vor		schreiben
ver		lachen
weg		holen
aus		bringen

④ Markiere die Wortgrenzen. Unterstreiche alle Wörter mit **ch** wie in **Buch**.

MärchennichtwachdichsuchtKochweichDachleichtKrach

Freizeitspaß

① Erzähle. Sommer | Herbst | Frühling | Winter

② Schreibe die vier Jahreszeiten unter die Bilder.

③ Was machst du alles im _____?
Schreibe auf.

④ Felix hat ein Jahreszeitenbild beschrieben. Lies den Text.

Viele Leute gehen im Park spazieren. Dort blühen bunte Tulpen. Zwei Jungen spielen im Sandkasten. Sie bauen einen Schneemann aus. Daneben sitzt eine Frau auf der Bank und liest Zeitung.
Auf einem Teich schwimmen Enten. Ein Mann füttert sie.
Auf dem Weg davor flitzen zwei Mädchen auf ihren Rollern.
Sie überholen gerade einen Mann mit einem Kinderwagen.

⑤ Welche Jahreszeit ist es?

Es

⑥ Welcher Satz passt nicht? Unterstreiche.

⑦ Sucht euch eine andere Jahreszeit aus und beschreibt das Bild.
Ein Satz soll nicht zu dieser Jahreszeit passen.

⑧ Lest die Beschreibungen vor. Findet die Fehlersätze.

Treppensätze

① Lies die Sätze.
Markiere das, was in jedem Satz dazukommt.

Die Kinder spielen.
Die Kinder spielen im Winter.
Die Kinder spielen im Winter auf dem See.
Die Kinder spielen im Winter auf dem See Eishockey.

② Verlängere diese Sätze.

eine Hütte | im Herbst | im Wald

Tim baut.

Tim baut _____

Tim baut _____ _____

Tim baut _____ _____ _____.

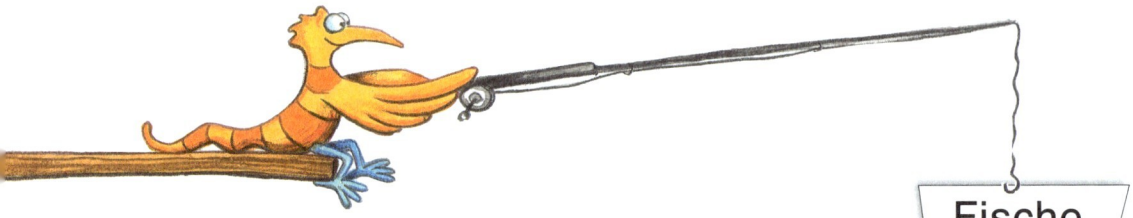

Fische | im Sommer | im See

Bu angelt.

Bu angelt _____.

Bu angelt _____ _____.

Bu angelt _____ _____ _____.

③ Vergleicht eure Sätze. Gibt es Unterschiede?

④ Schreibe eigene Treppensätze.

Monate

① Schreibe die Monatsnamen in der richtigen Reihenfolge auf.

1		7	
2		8	
3		9	
4		10	Oktober
5		11	
6		12	

② Lies die Sätze. Was stimmt hier nicht?
Unterstreiche die Fehler und schreibe die Sätze richtig ins Heft.

Der erste Monat im Jahr ist der September.
Im Dezember ist Frühlingsanfang,
und die ersten Krokusse blühen im Garten.
Das Wetter im Juli macht oft, was es will.
Aber im November ist es manchmal schon sehr warm,
da freuen wir uns dann schon auf den Sommer.
Im Oktober beginnen endlich die großen Sommerferien.
Ab Januar kommen wir ins dritte Schuljahr.

③ Wann genau hast du Sommerferien?

Zeitvertreib

① Lies den Text.
Unterstreiche die Wochentage.

Jannik hat endlich Ferien. Er will ganz viel unternehmen. Am Dienstag und Donnerstag geht er vormittags zum Computerkurs.
Am Montag spielt er nachmittags im Jugendzentrum beim Tischtennisturnier mit. Mit seinen Freunden hat er sich am Mittwoch im Schwimmbad verabredet. Bei schönem Wetter wollen sie bis abends bleiben. Am Freitag kann er sich nichts vornehmen, weil er zum Augenarzt in die Stadt fahren muss. Auf das Wochenende freut sich Jannik besonders. Seine Eltern bringen ihn am Samstag bereits mittags zu den Großeltern. Er schläft nachts dort, denn am Sonntag fahren sie schon ganz früh morgens in den Freizeitpark.

② Schreibe die Wochentage in der richtigen Reihenfolge untereinander.
Trage ein, was Jannik an diesen Tagen tun will.

Montag	Tischtennisturnier

③ Schreibe aus Janniks Geschichte die Tageszeiten heraus.

vormittags,

④ Jannik informiert sich im Internet, was im Freizeitpark angeboten wird. Erzähle.

⑤ Übertrage die Aktionen in den Tagesplan. Ergänze die Tageszeit.

Uhrzeit	Tageszeit	Aktion
8:30 Uhr	morgens	Kinderschminken
	vormittags	

Spiele im Freien

① Nele spielt mit ihren Freundinnen und Freunden Verstecken. Erzähle.

② Nele muss die anderen Kinder suchen. Wo haben sie sich versteckt?

Alina sitzt hinter der Wippe.

Miriam klettert _____ den Baum.

Tom liegt _____ Sandkasten.

_____ dem Baum hockt Leon.

Lotta krabbelt _____ die große Röhre.

Wladi versteckt sich _____ der Rutsche.

unter | auf | ~~hinter~~ | im | in | neben

③ Wo ist Bu?

④ **Wo** sitzt Kari?
Ergänze die Sätze und verwende die folgenden Wörter:

vor | unter | hinter | neben

Kari sitzt _____ dem _____ .

Kari sitzt _____ dem _____ .

Kari sitzt _____ dem _____ .

Kari sitzt _____ dem _____ .

⑤ **Wohin** fliegt Bu?
Ergänze die Sätze und verwende die folgenden Wörter:

in | über | vor | auf

Bu fliegt _____ den _____ .

Bu fliegt _____ den _____ .

Bu fliegt _____ den _____ .

Bu fliegt _____ den _____ .

⑥ Welche Spiele kennst du noch? Beschreibe.

Sternenforscherseite

① Lies den Text.

Nele hat im November Geburtstag.
Sie wird sieben Jahre alt und darf vier Kinder einladen.
Am Samstag möchte Nele die Einladungen schreiben.
Mamas Freund hilft ihr dabei. Neles kleiner Bruder
ist ganz neidisch. Er hat erst viel später Geburtstag.
Mama schaut in den Kalender und tröstet ihn.
Bis Mai dauert es noch so lange.

② Ordne die markierten Wörter. Überprüfe.

Wort im Text	Zeichen	Überprüfungswort

③ Markiere diese Wörter oben im Text.

Mai | Jahre | vier | November

④ Meine schwierigen Wörter:

Wiederholungsseite

① Welcher Wochentag ist es? Fülle die Tabelle aus.

gestern war	heute ist	morgen ist
	Dienstag	
	Freitag	
		Donnerstag
Samstag		

② Suche zu jedem Kalenderblatt einen Monatsnamen.

to _____ vem _____

tem _____ De _____

li _____ ar _____

③ Suche das Helferwort und ergänze. Male den Stern passend an.

Gla ☐ _____

Her ☐ _____

Ta ☐ _____

Aben ☐ _____

Medien

① Erzähle.

② Was gibt es in deiner Familie? Frage nach.

③ Was nutzt du?

④ Wofür nutzt man diese Dinge? Kreuze an.

		spielen / Unterhaltung	sich informieren	miteinander sprechen
	Handy Telefon			
	Kinder-zeitschrift			
	Fernseher			
	Computer			
	Sachbuch			
	Spiel-konsole			
	Radio			
	CD-Player MP3-Player			
	DVD-Player			

⑤ Vergleicht eure Ergebnisse.

Fernsehen

① Erzähle.

Freitag	Samstag	Sonntag
8:00 Sesamstraße	8:00 Sesamstraße	8:00 Willi wills wissen
8:30 Heidi	8:30 Huhu Uhu	8:25 Marcelino
8:50 Morgen OLI	8:40 Marcelino	8:45 Kleiner roter Traktor
9:00 Zigby, das Zebra	10:00 Tanzalarm!	9:15 logo!
9:45 Mit-Mach-Mühle	10:25 Tikis Band	9:45 Siebenstein
10:00 Schloss Einstein	10:35 OLI's wilde Welt	10:35 Die Hydronauten
11:00 Familie Superschlau	11:05 Bernd das Brot	10:55 Löwenzahn

② Funda darf am Samstag von 10 Uhr bis 11 Uhr fernsehen.
Was kann sie sehen? Schreibe auf.

③ Welche Sendung siehst du am liebsten im Fernsehen?
Wann kommt sie?

④ Lies den Text.

OLI's wilde Welt

OLI's wilde Welt ist eine Tiersendung für Kinder. Sie kommt jeden Samstag um 10.35 Uhr im KI.KA und dauert 30 Minuten. Oli ist ein Löwe. Er möchte einmal König der Tiere werden. Dafür muss er natürlich alles über Tiere wissen. In jeder Folge wird ein anderes Tier vorgestellt. Oli schreibt alles auf, damit er nichts vergisst.

⑤ Beschreibe deine Lieblingssendung. Stelle sie vor.

⑥ Schneidet Kindersendungen aus Fernsehzeitschriften aus. Sortiert sie nach Überschriften. Gestaltet ein Plakat.

Spielfilm

Spiel-Show

Zeichentrickfilm

Computer und Internet

① Was gehört zu einem Computer? Beschrifte.

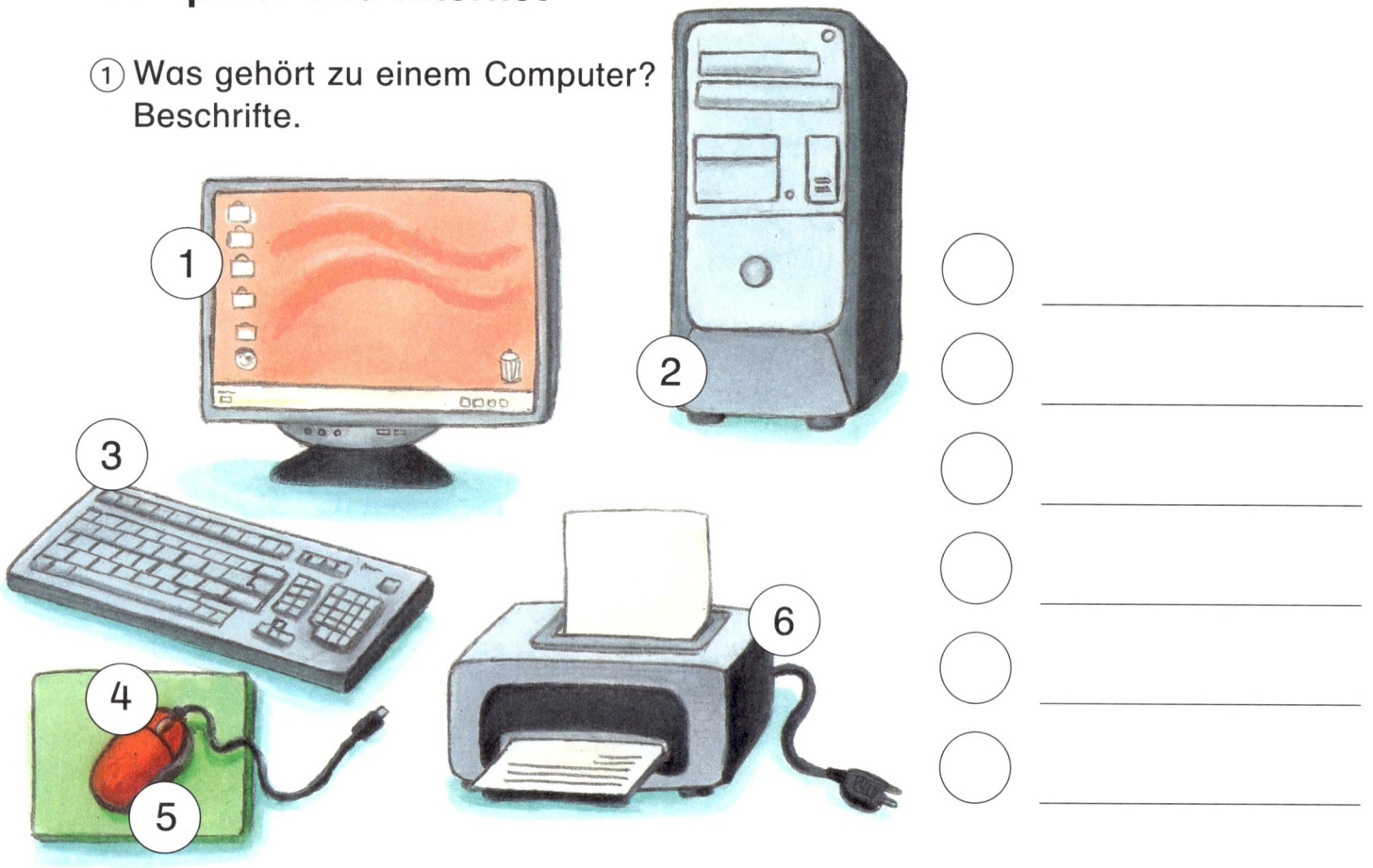

Rechner | Maus | Drucker | Bildschirm

② Wozu brauche ich diese Teile des Computers?

Maustaste

Tastatur

Ich schreibe eine Geschichte mit den Zeichen auf der Tastatur.

Auf dem _____ sehe ich meine Geschichte.

Mit der _____ bewege ich den Zeiger auf dem Bildschirm.

Ich klicke mit der _____, wenn ich etwas verbessern möchte.

Mit dem _____ drucke ich meine Geschichte auf Papier.

Im _____ kann ich meine Geschichte speichern.

③ Erzähle.

④ Was machst du am Computer?

Ich

⑤ Setze die Satzzeichen.
Kreuze an.

Kannst du am Computer etwas schreiben

Der Drucker malt ein Bild zu meiner Geschichte

Ich kann am Computer Einladungen schreiben

Schreibt der Computer deine Geschichte

Kannst du am Computer üben

Den Monitor schalte ich zum Schluss immer aus

Schreibt der Computer deine Hausaufgaben

Sind die Buchstaben auf der Tastatur nach dem Abc geordnet

E-Mail schreiben

① Erzähle.

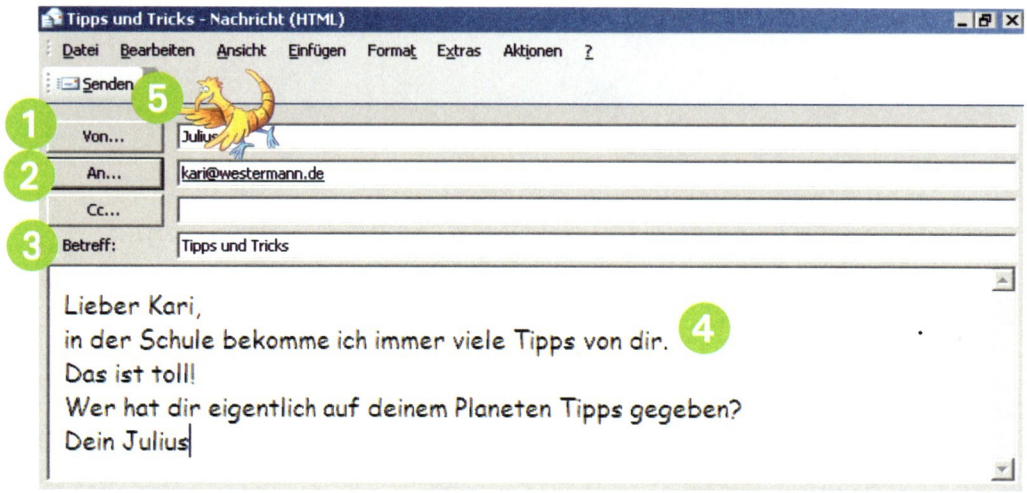

② Schreibe die richtigen Zahlen vor die Sätze.

- ◯ In diesem Feld steht, wohin die E-Mail geschickt werden soll.
- ◯ Zum Schluss klickt man auf dieses Feld, damit die E-Mail verschickt wird.
- ◯ Im Betreff steht, worum es in der E-Mail geht.
- ◯ Hier schreibt man einen Text.
- ◯ Hier steht die Adresse des Absenders.

③ Lies den Text.

In der E-Mail-Adresse steht vorne immer der Benutzername. Diesen kann sich jeder aussuchen, wenn er sich anmeldet. Anschließend kommt das @-Zeichen. Es ist englisch und heißt „at“ [et]. Auf deutsch bedeutet es „bei“. Am Ende der Anschrift steht die Abkürzung für ein Land. Die Abkürzung für Deutschland ist *de, dk* steht für Dänemark.

④ Finde noch andere Länder-Abkürzungen.

⑤ Beantworte die Fragen in ganzen Sätzen.

Was steht vorne in der E-Mail-Anschrift?

Was bedeutet das Zeichen @?

Was bedeuten die beiden Buchstaben *de* am Ende der Anschrift?

⑥ Schreibe @-Zeichen.

⑦ Schreibe eine E-Mail.

Von...

An...

Betreff:

Informationen im Internet suchen

① Die Klasse 2c hat im Internet Informationen zu Vampiren gesucht.
Lies die Sätze und leite die Verben ab.
Fülle die Lücken.

Ein Vampir hän_t an Bäumen und in Höhlen. hängen

Er ist eine Fledermaus und fän_t Vögel.

Er beißt hinein und trin_t das Blut.

Er brin_t das Blut zu anderen Vampiren.

Ein Vampir sprin_t oft auf dem Boden herum.

② Schreibe die Sätze ab.

③ Schreibe die Verben auf.

hängen	bringen
ich hänge	ich
du	du
er	er
wir	wir

④ Setze g oder k ein. Achte auf die Bedeutung.

Ein Schiff kann sin_en. Es sin_t bis auf den Meeresgrund.

Kinder können sin_en. Die Klasse 2c sin_t ein Sommerlied.

⑤ Erzähle.

⑥ Markiere die Satzschlusszeichen. Was fällt dir auf?

Am Ende eines **Aussagesatzes** steht ein **Punkt**. .
Am Ende eines **Fragesatzes** steht ein **Fragezeichen**. ?
Am Ende eines **Ausrufesatzes** steht ein **Ausrufezeichen**. !

⑦ Setze die passenden Satzschlusszeichen ein.

Ben schreit: „Da ist ein tolles Bild vom Vampir ___“

Tom ruft: „Das ist doch eine Fledermaus ___“

Ben antwortet: „Ein Vampir ist eine besondere Art Fledermaus ___“

Tom sagt: „Wir malen ihn ab ___“

Ben fragt: „Wo sind deine Buntstifte ___“

Tom ruft: „Oh nein, die sind zu Hause ___“

Ben meint: „Ach, ich habe ja auch Buntstifte ___“

Tom ruft: „Super, dann lass uns anfangen ___“

⑧ An welchen Wörtern kannst du erkennen,
dass ein Ausrufezeichen gesetzt werden muss? Unterstreiche.

Sternenforscherseite

① Lies den Text.

Ben und Tom arbeiten am Computer.
Sie suchen etwas über Vampire.
In Amerika gibt es Fledermäuse, die Vampire heißen.
Sie trinken nur Blut von anderen Tieren.
Auf einem Bild hängt eine Fledermaus am Ast.
Sie holen ihre Buntstifte und zeichnen sie ab.
Ben malt noch rote Punkte unter seinen Vampir.
Was soll das wohl sein?

② Ordne die markierten Wörter. Überprüfe.

Wort im Text	Zeichen	Überprüfungswort

③ Markiere diese Wörter oben im Text.

Computer ab wohl Vampire

④ Meine schwierigen Wörter:

Wiederholungsseite

① Suche Wörter und schreibe sie mit Artikel auf.

B	R	D	R	U	C	K	E	R	R
B	I	L	D	S	C	H	I	R	M
C	M	O	C	M	A	U	S	U	S
H	C	O	M	P	U	T	E	R	K
M	A	T	A	S	T	A	T	U	R
M	A	U	S	T	A	S	T	E	T
D	B	N	M	O	N	I	T	O	R

② Setze die fehlenden Satzschlusszeichen ein.

Tom schreit aufgeregt: „Mama, mein Computer ist kaputt ☐“

Sie möchte wissen: „Was hast du denn zuletzt gemacht ☐“

Er brüllt laut: „Ich wollte bei Antolin Fragen beantworten ☐“

Sie ruft: „Schrei mich nicht so an ☐“

Tom sagt leise: „Dann ist es schwarz geworden ☐“

Mutter schaltet den Computer aus und startet ihn neu ☐

Tom fragt sich: „Warum habe ich das nicht versucht ☐“

③ Schreibe zu den Verben die ich-, du- und er-Form in dein Heft.

singen trinken schwingen bringen schwenken

Andere Länder – andere Sprachen

① Aus welchen Ländern kommen die Kinder? Verbinde mit den Flaggen.

② Kennst du Wörter aus anderen Sprachen? Vergleiche.

③ Welche Sprachen werden in deiner Klasse gesprochen?

④ Andere Länder – andere Sitten: In vielen Ländern begrüßt man sich nicht nur mit Worten, sondern auch mit dem Körper. Beschreibe.

Frankreich

Japan

Mexiko

Grönland

⑤ Wie begrüßt ihr euch untereinander?
Wie begrüßt ihr euch in euren Familien?
Erzähle.

Verreisen

① Lies das Gedicht. Was fällt dir auf?

Sonne
Sonne und Wasser

Wasser
Wasser und Strand

Sonne
Sonne und Strand

Sonne und Wasser und Strand
Ferien

② Schreibe dein eigenes Gedicht. Du kannst diese Wörter verwenden oder dir eigene suchen.

Berge | Blitz | Lagerfeuer | See | Spanien | Wellen | Regen | Meer | Zelt | Kanu

_____

_____ und _____

_____

_____ _____ _____

_____

_____ _____ _____

_____ und _____ und _____

_____

Ferienwörter

stark | spannend | still | steigen | springen | Spielplatz | Sturm | Strand | staunen

① Packe die Wörter in die richtigen Koffer.

② Du willst mit Bu eine Reise auf dem fliegenden Teppich machen.
Packe verrückte Dinge in deinen Koffer. Schreibe auf.

③ Denke dir eine Geschichte zu den Gegenständen aus dem Koffer aus.
Erzähle sie deinem Nachbarn.
Kommen alle Dinge aus deinem Koffer in deiner Geschichte vor?

④ Schreibe deine Geschichte auf.

Ferienwörter

① Finde die Wörter mit Qu qu.

Frösche hört man ...

Kreuz und ...

Ein Tier aus dem Meer:

Ein besonderes Rechteck:

Ein Kartenspiel:

Ferkel hört man ...

Ein Rätsel:

Rauch:

Lösung: _____

② Reimwörter mit Qu qu. Schreibe auf.

Halle	Qualle	Halm	
Matsch		Welle	
Park		schwer	
Haken		rasseln	

③ Schreibe mit jedem Qu qu Wort einen Satz.

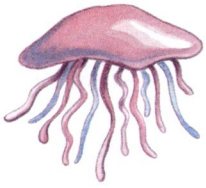

Traumreisen

① Lies das Gedicht.
Es heißt Elfchen. Warum?

Wasser
im Schwimmbad
hell und klar
es ist so erfrischend
platsch

Was siehst du?
Wo siehst du es?
Wie sieht es aus?
Was hast du gefühlt oder gedacht?
Ein Wort, das dir noch einfällt.

Elfchen sind kurze Gedichte, die sich nicht reimen.
Sie bestehen aus _____ Wörtern.

② Schreibe ein Elfchen.

_____

_____ _____

_____ _____ _____

_____ _____ _____ _____

_____

③ Gestalte dein Elfchen mit einem schönen Rahmen.

④ Trage dein Elfchen vor.

Zungenbrecher

① Lies die Zungenbrecher.

Markiere Pf pf.

Pferde mampfen dampfende Äpfel.
Dampfende Pferdeäpfel mampft niemand.

Markiere Sp sp.

Der Spitz und der Pudel tranken spritzigen Sprudel.
Spritzigen Sprudel tranken der Spitz und der Pudel.

Markiere V v.

Vier Vögel verzehren auf Vaters Veranda vier Oliven.
Vier Oliven werden von vier Vögeln auf Vaters Veranda verzehrt.

② Suche dir einen Zungenbrecher aus.
Übe ihn und trage ihn auswendig vor.

③ Trage die Wörter mit V v in die Tabelle ein.

voll | Vater | ~~von~~ | Pullover | violett | Vulkan | vielleicht | oval | Olive | brav

v wie [f]	v wie [w]
von	

Postkarten schreiben

① Lies die Postkarte.

Büsum, den 3.7.2010

Hallo Max,
viele Grüße aus Büsum.
Hier ist es sehr warm.
Wir gehen jeden Tag an den Strand.
Zum Glück gibt es hier keine Quallen.
Ich kann schon gut schwimmen.
Viele Grüße
dein Hanno

Büs 03.07.10

45

An
Max Meier
Kleine Straße 2

30161 Hannover

Eine Postkarte besteht aus zwei Teilen:
Anschrift mit Name, Straße und Hausnummer,
Postleitzahl und Wohnort.
Text mit Ort und Datum, Anrede, Gruß und Name.

② Beantworte die Fragen.

Wer hat die Postkarte geschrieben?

Wo wohnt Max?

Wo ist Hanno?

Wann war Hanno an der Nordsee?

③ Schreibe eine Postkarte. Gestalte eine Briefmarke.

④ Sammle Adressen.
Falte ein Buch und schreibe die Adressen hinein.

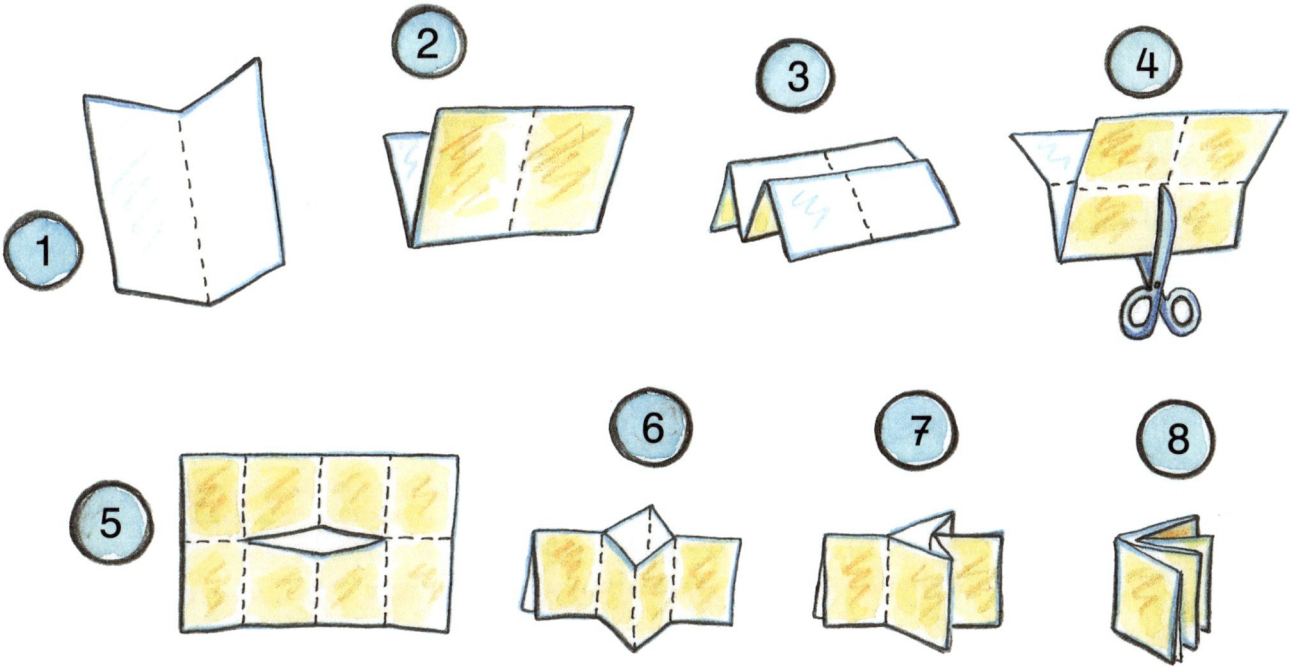

⑤ Gestalte dein Adressbuch.

Sternenforscherseite

① Lies den Text.

Ina freut sich, denn bald sind große Ferien.
Sie muss keine Hausaufgaben mehr machen.
Sie darf länger fernsehen und viel spielen.
Morgens möchte sie immer lange schlafen.
Dann steht sie spät auf und freut sich über den freien Tag.
Das Ende der Ferienzeit verbringt sie auf einem Pferdehof.
Dort darf sie die Pferde pflegen und auf ihnen reiten.

② Ordne die markierten Wörter. Überprüfe.

Wort im Text	Zeichen	Überprüfungswort

③ Markiere diese Wörter oben im Text.

mehr bald denn spät

④ Meine schwierigen Wörter:

Wiederholungsseite

① Unterstreiche alle Nomen, Verben und Adjektive.

Das Wasser
Das kalte Wasser
Das kalte frische Wasser
Das kalte frische klare Wasser
Das kalte frische klare Wasser schmeckt gut.

② V v oder F f ? Schlage in der Wörterliste nach.

Kla_ier _liegen _ertig

_rühling _ersteck el_

③ Pf pf oder F f ? Schlage in der Wörterliste nach.

_eifen _enster _effer

_erde _reund _rech

④ Sortiere die Wörter nach dem Abc.

quasseln quietschen quatschen quetschen

⑤ Schreibe deine Adresse auf.

Wörterliste

A

ab
die **Adresse**, die Adressen
der **Affe**, die Affen
alle
alles
als
die **Ameise**, die Ameisen
die **Ampel**, die Ampeln
der **Apfel**, die Äpfel
der **April**
arbeiten, er arbeitet
der **Ast**, die Äste
aufpassen, er passt auf
der **August**
das **Auto**, die Autos

B

bald
der **Ball**, die Bälle
die **Banane**, die Bananen
der **Bär**, die Bären
basteln, er bastelt
der **Bauch**, die Bäuche
der **Baum**, die Bäume
der **Becher**, die Becher
beide
das **Bein**, die Beine
das **Bett**, die Betten
die **Biene**, die Bienen
das **Bild**, die Bilder
die **Birne**, die Birnen
das **Blatt**, die Blätter
bleiben, er bleibt
blühen, es blüht
die **Blume**, die Blumen
das **Boot**, die Boote
der **Brief**, die Briefe
das **Brot**, die Brote
der **Bruder**, die Brüder
das **Buch**, die Bücher
die **Bücherei**
die **Burg**, die Burgen
die **Butter**

C

der **Clown**, die Clowns
der **Computer**, die Computer

D

danken, er dankt
dann
denken, sie denkt
denn
der **Dezember**
dort
die **Dose**, die Dosen
der **Drachen**, die Drachen

draußen
drei
das **Dreirad**, die Dreiräder
dürfen, sie darf

E

das **Ei**, die Eier
das **Eis**
der **Elefant**, die Elefanten
elf
endlich
die **Ente**, die Enten
die **Erbse**, die Erbsen
die **Erdbeere**, die Erdbeeren
erfinden, er erfindet
erzählen, sie erzählt
der **Esel**, die Esel
essen, sie isst
die **Eule**, die Eulen

F

fahren, er fährt
das **Fahrrad**, die Fahrräder
fallen, es fällt
die **Familie**, die Familien
der **Februar**
die **Feder**, die Federn
die **Fee**, die Feen
feiern, sie feiert
das **Feld**, die Felder
das **Fell**, die Felle
das **Fenster**, die Fenster
der **Fernseher**, die Fernseher
fertig
fix
fliegen, sie fliegt
die **Flöte**, die Flöten
der **Fluss**, die Flüsse
die **Frau**, die Frauen
frech
der **Freund**, die Freunde
die **Freundin**, die Freundinnen
der **Frühling**
der **Fuchs**, die Füchse
der **Fuß**, die Füße

G

die **Gabel**, die Gabeln
ganz
der **Garten**, die Gärten
der **Geburtstag**, die Geburtstage
gefährlich
gefallen, es gefällt
geheim
gehen, sie geht
das **Gemüse**
gern
das **Geschenk**, die Geschenke
die **Geschichte**, die Geschichten
das **Gespenst**, die Gespenster
gesund

gießen, er gießt
das **Glück**
graben, er gräbt
das **Gras**, die Gräser
groß
gucken, er guckt
die **Gurke**, die Gurken

H

der **Hammer**, die Hämmer
der **Hase**, die Hasen
häufig
das **Haus**, die Häuser
der **Hausmeister**, die Hausmeister
das **Heft**, die Hefte
heißen, er heißt
der **Herbst**
die **Hexe**, die Hexen
der **Hof**, die Höfe
die **Höhle**, die Höhlen
der **Hund**, die Hunde
der **Hut**, die Hüte

I

die **Idee**, die Ideen
der **Igel**, die Igel
das **Iglu**, die Iglus
ihm
ihnen
ihr
immer
die **Insel**, die Inseln

J

die **Jacke**, die Jacken
der **Jäger**, die Jäger
der **Januar**
jeder
jemand
jetzt
das **Jojo**, die Jojos
der **Juli**
jung
der **Juni**

K

kalt
das **Kamel**, die Kamele
die **Kartoffel**, die Kartoffeln
die **Kastanie**, die Kastanien
die **Katze**, die Katzen
kauen, er kaut
kennen, ich kenne
die **Kerze**, die Kerzen
das **Kind**, die Kinder
die **Kirsche**, die Kirschen
die **Kiste**, die Kisten
die **Klasse**, die Klassen
das **Klavier**, die Klaviere
das **Kleid**, die Kleider

klettern, er klettert
knabbern, sie knabbert
der **Koffer**, die Koffer
der **Kohl**
der **König**, die Könige
können, ich kann
der **Korb**, die Körbe
die **Küche**, die Küchen
der **Kuchen**, die Kuchen
die **Kuh**, die Kühe
küssen, er küsst

L

lachen, sie lacht
lassen, sie lässt
der **Lastwagen**, die Lastwagen
die **Laus**, die Läuse
lecker
der **Lehrer**, die Lehrer
die **Lehrerin**, die Lehrerinnen
die **Leute**
lieb, lieber
lieben, er liebt
das **Lied**, die Lieder
liegen, er liegt
der **Löffel**, die Löffel
der **Löwe**, die Löwen

M

machen, er macht
der **Mai**
die **Mama**, die Mamas
man
der **Mann**, die Männer
das **Märchen**, die Märchen
der **März**
die **Maschine**, die Maschinen
die **Maus**, die Mäuse
das **Meer**, die Meere
mehr
die **Melone**, die Melonen
der **Mensch**, die Menschen
die **Messe**, die Messen
das **Messer**, die Messer
das **Mikroskop**, die Mikroskope
das **Mofa**, die Mofas
möglich
die **Möhre**, die Möhren
der **Monat**, die Monate
das **Motorrad**, die Motoräder
der **Mund**, die Münder
die **Murmel**, die Murmeln
müssen, er muss
die **Mutter**, die Mütter

N

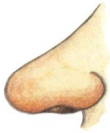

die **Nacht**, die Nächte
die **Nase**, die Nasen

das **Nashorn**, die Nashörner
nass
neu
neugierig, neugierige
nicht
nichts
der **November**
die **Nudel**, die Nudeln

O

der **Ofen**, die Öfen
öffnen, sie öffnet
oft
der **Oktober**
die **Oma**, die Omas
der **Orden**, die Orden
das **Osterei**, die Ostereier

P

das **Papier**, die Papiere
die **Paprika**, die Paprikas
passen, es passt
der **Pelz**, die Pelze
die **Pfanne**, die Pfannen
der **Pfeffer**
pfeifen, er pfeift
das **Pferd**, die Pferde
die **Pflaume**, die Pflaumen
die **Pfote**, die Pfoten
die **Pfütze**, die Pfützen
der **Pinsel**, die Pinsel
der **Pirat**, die Piraten
das **Plakat**, die Plakate
plötzlich
poltern, sie poltert
die **Prinzessin**, die Prinzessinnen
die **Puppe**, die Puppen

Q

das **Quadrat**, die Quadrate
quaken, er quakt
die **Qualle**, die Quallen
der **Qualm**
der **Quark**
das **Quartett**, die Quartette
quasseln, sie quasselt
die **Quelle**, die Quellen
quer
quieken, es quiekt
das **Quiz**

R

die **Rakete**, die Raketen
der **Räuber**, die Räuber
der **Raum**, die Räume
die **Regel**, die Regeln
der **Ring**, die Ringe
der **Ritter**, die Ritter
der **Roller**, die Roller

S

der **Saft**, die Säfte
der **Salat**, die Salate
das **Schaf**, die Schafe
der **Schatz**, die Schätze
die **Schere**, die Scheren
das **Schiff**, die Schiffe
das **Schloss**, die Schlösser
der **Schlüssel**, die Schlüssel
die **Schnecke**, die Schnecken
der **Schnee**
der **Schrank**, die Schränke
schreiben, sie schreibt
die **Schrift**, die Schriften
die **Schule**, die Schulen
schwitzen, er schwitzt
der **See**, die Seen
sehen, sie sieht
sehr
das **Seil**, die Seile
sein, er ist
der **September**
der **Sessel**, die Sessel
das **Sieb**, die Siebe
sieben
sind
das **Skelett**, die Skelette
das **Sofa**, die Sofas
der **Sommer**
die **Spaghetti**
spannend
der **Spargel**
der **Spaß**, die Späße
spazieren, sie spaziert
der **Spiegel**, die Spiegel
das **Spiel**, die Spiele
spielen, er spielt
der **Sport**
sprechen, er spricht
springen, sie springt
der **Stiefel**, die Stiefel
der **Stift**, die Stifte
die **Straße**, die Straßen
der **Stuhl**, die Stühle
suchen, sie sucht
süß, süße

T

die **Tafel**, die Tafeln
die **Tasche**, die Taschen
die **Tasse**, die Tassen
die **Tatze**, die Tatzen
das **Taxi**, die Taxis
der **Teller**, die Teller
der **Text**, die Texte
das **Tier**, die Tiere
der **Tipp**, die Tipps
der **Tisch**, die Tische
die **Tochter**, die Töchter
toll
die **Tomate**, die Tomaten
das **Tor**, die Tore

tragen, sie trägt
der **Traktor**, die Traktoren
träumen, sie träumt
treffen, sie trifft
die **Treppe**, die Treppen
trinken, er trinkt
die **Tür**, die Türen

U

die **Überraschung**,
die Überraschungen
das **Ufo**, die Ufos
der **Uhu**, die Uhus
umziehen, sie zieht um
und
uns
die **Unterhose**, die Unterhosen

V

der **Vampir**, die Vampire
die **Vase**, die Vasen
der **Vater**, die Väter
der **Verkäufer**, die Verkäufer
verschwinden, er verschwindet
das **Versteck**, die Verstecke
verwandeln, sie verwandelt
viel
viele
vielleicht
vier
der **Vogel**, die Vögel
voll
vom
von
vor
vorführen, er führt vor
der **Vorhang**, die Vorhänge
vorlesen, sie liest vor
vorsichtig
vorstellen, er stellt vor

W

die **Waffel**, die Waffeln
der **Wal**, die Wale
der **Wald**, die Wälder
wann
warm
warten, er wartet
weg
der **Weg**, die Wege
wenn
wichtig
wieder
die **Wiese**, die Wiesen
der **Winter**
wohnen, er wohnt
die **Wolke**, die Wolken
wollen, er will
wünschen, er wünscht

X

das **Xylofon**, die Xylofone

Y

der **Yeti**, die Yetis

das **Ypsilon**, die Ypsilons

Z

der **Zaun**, die Zäune

das **Zebra**, die Zebras

der **Zeh**, die Zehen

das **Zelt**, die Zelte

der **Zettel**, die Zettel

die **Ziege**, die Ziegen

ziehen, sie zieht

der **Zirkus**, die Zirkusse

die **Zitrone**, die Zitronen

der **Zoo**, die Zoos

zu

der **Zug**, die Züge

zum

zur

zusammen

der **Zwerg**, die Zwerge

die **Zwiebel**, die Zwiebeln

zwischen

Meine schwierigen Wörter

Texte planen – Schreibziel

Für wen schreibe ich?

Was schreibe ich?

Für mich! Für andere Kinder!

Brief, Geschichte, Postkarte, Anleitung

Texte planen – Schreibziel

Ideenblitze

Texte planen – Schreibziel

Koffergeschichten

Texte schreiben – Textaufbau

Eine Geschichte darf spannend sein.

Eine Anleitung muss die richtige Reihenfolge haben.

Eine Postkarte hat eine Anrede und einen Gruß.

Eine Beschreibung muss genau sein.

Texte schreiben – Formulieren

- Verschiedene Satzanfänge finden
- Ganze Sätze schreiben
- Passende Wörter finden
- Passende Überschrift finden

Texte überarbeiten

Leseversammlung

Texte präsentieren

Wenn du mit deinem Text zufrieden bist,
kannst du ihn veröffentlichen.

Schreibe ihn
- mit dem Computer,
- auf ein Schmuckblatt,
- in dein Geschichtenheft.

Du kannst den Text auch
- vorlesen oder
- auf ein Plakat schreiben und vorstellen.

Richtig schreiben

Wie schreibe ich ab?

Ich
- lese genau.
- verdecke die Wörter.
- schreibe und spreche dabei genau mit.
- kontrolliere und verbessere.

Schleichdiktat

Ich
- lege meinen Text an eine entfernte Stelle im Klassenraum.
- lese die ersten Wörter und merke sie mir.
- schleiche an meinen Platz, schreibe und spreche leise mit.
- schreibe so den ganzen Text.
- hole mir den Text und kontrolliere jedes Wort.
- verbessere meine Fehler.

Dosendiktat

Ich
- schneide die Textstreifen aus.
- lese den ersten Streifen genau.
- stecke den Streifen in die Dose.
- schreibe den Text auf und spreche leise mit.
- wiederhole es mit allen Streifen.
- kontrolliere mit dem Text aus der Dose und verbessere meine Fehler.

Richtig schreiben

Partnerdiktat

- Lest beide den Text gut durch.
- Sprecht über schwierige Wörter.
- Ein Kind diktiert, das andere schreibt und spricht leise mit.
- Bei einem Fehler ruft ihr „Stopp!“
- Sprecht über den Fehler und verbessert ihn.
- Danach wird gewechselt.

Rechtschreibgespräch

- Lies den Text.
- Suche die schwierigen Wörter.
- Suche dir ein Partnerkind.
- Vergleicht eure schwierigen Wörter.
- Findet Erklärungen, warum die Wörter so geschrieben werden.
- Die Sterne können euch helfen.

Wörter nachschlagen

In einer Wörterliste oder einem Wörterbuch sollst du Wörter rasch finden.
Deshalb sind die Wörter nach dem Abc sortiert.

T

die **Tafel**, die Tafeln
die **Tasche**, die Taschen
die **Tasse**, die Tassen
die **Tatze**, die Tatzen
das **Taxi**, die Taxis

Wenn du ein Wort nicht finden kannst, überlege, ob es einen anderen Anfangsbuchstaben haben könnte.
Ich höre: fiele – ich schreibe: viele

Nomen findest du in der Einzahl.
Verben findest du in der Grundform (wir-Form).

das **Versteck**, die Verstecke
verwandeln, sie verwandelt
viel
viele
vielleicht

Wenn der 1. Buchstabe gleich ist, schaue dir den nächsten Buchstaben an.

E

das **Ei**, die Eier
das **Eis**
der **Elefant**, die Elefanten

Damit du ein Wort in der Wörterliste schneller findest, überlege vorher, ob der Anfangsbuchstabe im Abc vorne, in der Mitte oder hinten steht.

vorne	Mitte	hinten
ABCDEFGHI	JKLMNOPQR	STUVWXYZ

Fachbegriffe

Adjektiv (Wiewort)
Wörter wie **grün**, **schnell** und **toll** heißen Adjektive.
Mit Adjektiven kann man genauer sagen, wie jemand oder etwas ist (oder aussieht).
Adjektive kann man verändern.
Kari ist grün.
das schnelle Ufo

Alphabet
Das Alphabet (Abc) hat 26 Buchstaben:
A B C D E F G H I J K L M N O P Q R S T U V W X Y Z
A, E, I, O und U sind Selbstlaute (Vokale).

Artikel
Jedes Nomen hat einen passenden Begleiter. Man nennt ihn Artikel.
Es gibt bestimmte Artikel und unbestimmte Artikel.
bestimmte Artikel: der, die, das
unbestimmte Artikel: ein, eine
der Hund – **ein** Hund, **das** Kind – **ein** Kind, **die** Schule – **eine** Schule

---

Endungen
Nomen, Verben und Adjektive kann man verändern.
Der Wortstamm bleibt meist gleich.
Was beim Verändern hinzugefügt wird, nennt man Endung.
Endungen sind nachgestellte Wortbausteine.
Ufo, Ufo**s**
wir flieg**en**, sie flieg**t**
groß – das groß**e** Weltall

Grundform (wir-Form)
Die Grundform von Verben ist meist wie die wir-Form.
Im Wörterbuch stehen Verben in der Grundform.
wir schwingen – schwingen

Mitlaut (Konsonant)
Alle Buchstaben im Alphabet, die keine Selbstlaute (Vokale) sind, heißen Mitlaute (Konsonanten).

Nomen (Substantiv, Namenwort) A a
Wörter für Menschen, Tiere, Pflanzen und Dinge heißen Nomen.
Nomen schreibe ich groß.
Schule, Kind, Hund, ...

Die meisten Nomen gibt es in der Einzahl (Singular)
und in der Mehrzahl (Plural).
die **Schulen** – die **Schule**, das **Kind** – die **Kinder**, der **Hund** – die **Hunde**

Nomen kann man zusammensetzen.
Mit zusammengesetzten Nomen kann man genauer beschreiben.
Regen + Bogen → Regen**bogen**

Satz
Aus Wörtern kann man Sätze bilden.
Satzanfänge schreibt man groß.
Am Ende des Satzes steht ein Satzschlusszeichen.
Am Ende eines Aussagesatzes steht ein Punkt.
Robert hat einen Computer.

Am Ende eines Fragesatzes steht ein Fragezeichen.
Wo bist du?
Gehst du in den Zoo?

Am Ende eines Aufforderungssatzes oder nach Ausrufen
steht ein Ausrufezeichen.
Lass das! Hilfe!

Selbstlaut (Vokal)
a, **e**, **i**, **o** und **u** sind Selbstlaute (Vokale).

Silben

Wörter kann man in Silben einteilen.
Ein Wort kann aus einer oder mehreren Silben bestehen.
Jede Silbe hat mindestens einen Selbstlaut (Vokal).

Umlaute

ö, **ü** und **ä** heißen Umlaute. Auch Umlaute sind Selbstlaute.

Verb (Tuwort, Tunwort)

Wörter wie **rennen**, **spielen**, **lesen** heißen Verben.
Verben sagen, was jemand tut oder was geschieht.

Verben verändern sich im Satz.
Es kommt darauf an, wer etwas tut.
Ich lache. – Du lachst. Er/Sie/Es lacht. Wir lachen.

Die **Grundform** von Verben ist meist wie die wir-Form.
Im Wörterbuch stehen Verben in der Grundform.
wir schwingen – schwingen

Vorsilben

Vorsilben sind vorangestellte Wortbausteine.
Sie verändern die Bedeutung von Wörtern.
fliegen: **weg**fliegen, **mit**fliegen, **ab**fliegen

Wortbausteine

Wörter sind aus Wortbausteinen zusammengesetzt.
Wortbausteine können die Bedeutung von Wörtern verändern.

Wortfamilien

Wörter einer Wortfamilie haben einen gemeinsamen Wortstamm.
Der Wortstamm ist der Teil des Wortes, der gleich oder ähnlich geschrieben wird.

lesen, **Les**ebuch, vor**les**en, **Les**erin

Wortfeld

Wörter mit ähnlicher Bedeutung bilden ein Wortfeld.

gehen: rennen, laufen, schleichen, wandern, ...

Wortstamm

Wörter, die denselben Wortstamm haben, gehören zu einer Wortfamilie.
Der Wortstamm ist der Teil des Wortes, der gleich oder ähnlich geschrieben wird.

geh **Geh**weg, **geh**en, ...

Zwielaute

ai, **au**, **ei** und **eu** und **äu** sind Zwielaute.
Sie bestehen aus zwei Selbstlauten.

KARIBU Lerninhalte

Kapitel	Mündlicher Sprachgebrauch	Schriftlicher Sprachgebrauch	Rechtschreiben Arbeitstechniken	Sprache untersuchen
Tafelschwamm und Pausenspiel 	von eigenen Erlebnissen erzählen; Bilder beschreiben; Dialog lesen; Gesprächs-/Klassenregeln formulieren; sich über soziales Miteinander verständigen; Gefühle anderer verstehen; Konflikte regeln; über eigene Gefühle sprechen; Abc-Rap vortragen	Feriengeschichten schreiben; Regeln formulieren und aufschreiben; Regeln als Plakat gestalten	in jeder Silbe ist ein Vokal; Wörter mit ie; Wörter mit -en, -el und -e im Auslaut; Wörter nach dem Abc sortieren; Wörter in der Wörterliste nachschlagen und aufschreiben *AT: Arbeit mit der Wörterliste; Abschreiben als Methode*	Laut-Buchstabe Beziehungen vertiefen; Reime; Abc als Ordnungssystem kennenlernen; Vokale und Konsonanten unterscheiden und benennen; Silbenübungen
Gemüsebeißer und Sportskanonen 	zu Bildern erzählen; Bilder beschreiben; über Vorlieben berichten; über sich erzählen	Rezept schreiben und ausprobieren; Einkaufliste schreiben; Sätze schreiben	mitsprechbare Konsonantenhäufungen; Wiederholung: Wörter mit ie *AT: Dosendiktat*	Silbenbögen; Silben zusammensetzen; Großschreibung von Nomen; Nomen als Wortart kennenlernen; bestimmter Artikel (Begleiter)
Wetterfrösche und Waldläufer 	Reihum-Geschichten erzählen; Gedichte vortragen	Geschichte weiter schreiben; mit Sprache experimentieren Gedicht gestalten; ein eigenes Gedicht (Sprechtakulum) schreiben	Doppelkonsonanten (Nomen); verlängern: Auslautverhärtung bei Nomen *AT: Partnerdiktat*	Einzahl, Mehrzahl bei Nomen; zusammengesetzte Nomen
Bastelspaß und Technikwunder 	Dialog lesen; rollenbezogene Aufgabenverteilung hinterfragen und demokratische Verhaltensweisen einüben; mit anderen über ein Thema sprechen; eine eigene Meinung äußern und begründen; Gedicht auswendig lernen und vortragen	Vorlieben aufschreiben und präsentieren; Tabellen lesen und beschriften; aus Stichwörtern vollständige Sätze bilden; Vorgangsbeschreibung schreiben (Bastelanleitung); Texte überarbeiten (Satzanfänge); Sätze ergänzen	verlängern: Wörter mit Doppelkonsonanten am Wortende und Inlautverhärtung *in jedem Kapitel: Rechtschreibseite zur Festigung der Strategien und zur Erarbeitung der Häufigkeitswörter*	Verben als Wortart; Silben zusammensetzen; Verben konjugieren; Personalformen zuordnen; Wortbausteine (Stamm und Endungen bei Verben); Pronomen; Wortarten unterscheiden
Familienbande und Freundschaftswege 	Gefühle erkennen und spielen (Mimik, Gestik, Artikulation); Gefühle ausdrücken; zu Gedichten erzählen; einfache Spielszenen umsetzen (Entschuldigung „sagen"); Unterschied gesprochene und geschriebene Sprache; von eigenen Erfahrungen berichten; Witz lesen und spielen	über Gefühle schreiben; Entschuldigungsbrief mithilfe eines Musters schreiben; Reimwörter schreiben; Witze aufschreiben und eine Witzsammlung erstellen	Wörter mit silbentrennendem h (Verben); verlängern: Wörter mit ck und tz	Punkt oder Fragezeichen am Satzende; Großschreibung am Satzanfang; Fragewörter (W-Fragen); Wortfamilien; Wortbausteine (Vorsilben)

KARIBU Lerninhalte

Kapitel	Mündlicher Sprachgebrauch	Schriftlicher Sprachgebrauch	Rechtschreiben Arbeitstechniken	Sprache untersuchen
Traumzeit und Abenteuerhelden	eigene Wunschträume erzählen; Bilder beschreiben und dazu erzählen; Märchenfiguren beschreiben	eigene Wunschträume aufschreiben; Sätze schreiben; eine Hexengeschichte schreiben; Ideenblitze sammeln und eine Geschichte zu einem Bild schreiben; eine Geschichte sortieren und aufschreiben; eine Überschrift finden	Wörter mit β; Wörter mit st und sp	Satzteile zusammensetzen; Adjektive als Wortart kennenlernen; Gegensatzpaare bei Adjektiven; Funktion von Adjektiven kennenlernen (Stellung vor Nomen); Wortfamilie (SPIEL); Wiederholung: Verben konjugieren
Wüstenschiff und Wollmilchsau	über Haustiere erzählen; Informationsquellen beschreiben (Sachbücher, Internet, Lexika); Rätselfragen (-texte) formulieren/ vorstellen	über ein Tier schreiben; Oberbegriffe kennenlernen; ein Plakat gestalten: Informationen suchen (Sachbücher, Internet, Lexika) und verschriften; Reimwörter schreiben; ein Tierrätsel schreiben	ableiten: Wörter mit ä und äu; Schreibung von Wörtern überprüfen Wiederholung: Wörter mit ie	Wortart: Nomen, Verb, Adjektiv, zusammengesetzte Nomen mit Artikeln; bestimmter und unbestimmter Artikel; Funktion von Adjektiven Wiederholung: Verben (regelmäßige und unregelmäßige) konjugieren
Lesemops und Bücherwurm	über Lesegewohnheiten sprechen; Sachbücher als Genre kennenlernen und von anderen Büchern erzählen; mit Bildern erzählen; das Ende einer Geschichte erfinden, erzählen und nachspielen	eine Fantasiegeschichte schreiben; eine Überschrift finden; einen Text überarbeiten; Minimalpaare verschriften; einen Brief korrigieren und abschreiben; einen eigenen Brief schreiben	Wörter mit ch; Schreibung von Wörtern überprüfen *AT: Wörter nach dem zweiten Buchstaben sortieren*	Wortfamilie (BUCH und KAUF); Wortfamilie als Begriff kennenlernen; Wortgrenzen markieren; Vorsilben einsetzen
Freizeitspaß und Zeitvertreib	Bilder beschreiben; über Jahreszeiten sprechen; verstehend zuhören und Fehler entdecken; Spiele beschreiben	Bilder beschreiben; Informationen entnehmen und in eine Tabelle übertragen; Monate, Wochentage und Tageszeiten schreiben	Wiederholung: verlängern bei Auslautverhärtung und Inlautverhärtung mit: d/t, b/p, g/k, s/z	Sätze verlängern; Präpositionen (propädeutisch)
Computermäuse und Netzhühner	Medien unterscheiden und beschreiben; Lieblingssendungen und Fernsehnutzung; Computerbegriffe (Fachbegriffe)	Fernsehsendungen beschreiben; Texte am Computer schreiben und gestalten (E-Mail); Fachbegriffe schreiben	Wörter mit nk; Wörter mit ng Wiederholung: verlängern: Inlautverhärtung bei Verben	Satzzeichen (Punkt, Ausrufezeichen, Fragezeichen); Satzarten
Weltenbummler und Reiseabenteurer	Rollenspiel (Begrüßung in anderen Sprachen); andere Sprachen (Gemeinsamkeiten und Unterschiede); Zungenbrecher auswendig lernen und vortragen	Gedichte schreiben (Avenidas, Elfchen); Wörter sammeln (Texte planen); Reizwortgeschichte schreiben; Postkarte schreiben; Adressen schreiben	Wörter mit st/sp; Wörter mit pf; Wörter mit v; Wörter mit qu	Wortbausteine; Wortarten unterscheiden